民航专业融媒体系列教材

民航乘务员急救教程

杨超　霍连才　主编

清华大学出版社
北京

内 容 简 介

本书紧紧围绕职业教育培养目标，遵循职业教育教学规律，严格按照国家法律规范的要求，其内容以满足民航业对急救的要求为出发点，做到“实用、适用”；在编写时着重基本概念和原理的阐述，突出理论知识的应用和实际操作，注重引入航空医学和机上救护新技术。全书配有大量插图，有利于学生对知识的理解。本书每一部分配有经典案例、思考练习和实训任务书，以便于学生巩固提高。

本书可以作为高等学校的航空服务艺术与管理、空中乘务和空中安全保卫专业的教学用书，还可以供航空保障工作的医师和飞行人员参考使用。

图书在版编目（CIP）数据

民航乘务员急救教程/杨超，霍连才主编. 一北京：清华大学出版社，2021.8（2024.2重印）
民航专业融媒体系列教材
ISBN 978-7-302-58486-5

Ⅰ. ①民…　Ⅱ. ①杨…　②霍…　Ⅲ. ①民用航空－乘务人员－急救－教材　Ⅳ. ①F560.9

中国版本图书馆 CIP 数据核字（2021）第 121297 号

责任编辑：杜　晓
封面设计：常雪影
责任校对：袁　芳
责任印制：宋　林

出版发行：清华大学出版社
网　　址：https://www.tup.com.cn，https://www.wqxuetang.com
地　　址：北京清华大学学研大厦A座　　**邮　　编**：100084
社 总 机：010-83470000　　**邮　　购**：010-62786544
投稿与读者服务：010-62776969，c-service@tup.tsinghua.edu.cn
质量反馈：010-62772015，zhiliang@tup.tsinghua.edu.cn
课件下载：https://www.tup.com.cn，010-83470410
印 装 者：三河市龙大印装有限公司
经　　销：全国新华书店
开　　本：185mm×260mm　　**印　　张**：12　　**字　　数**：236千字
版　　次：2021年9月第1版　　**印　　次**：2024年2月第4次印刷
定　　价：49.50元

产品编号：091626-02

前 言

preface

近年来，民航运输快速发展，航空旅客运输量不断攀升，空中旅客突发疾病事件数量也呈逐年上升趋势。据国际民航不完全统计，空中紧急医学事件的发生率为22.6例/百万旅客，其中死亡率为0.1～0.8例/百万旅客，每100万次飞行中就有210次因空中紧急医学事件而紧急备降或返航，平均每12.6例空中紧急医学事件就造成1次紧急备降或返航。民航空中乘务员和安全保卫员作为客舱安全的守护神，必须具备客舱救护的基本能力。

本书以高等学校的航空服务艺术与管理、空中乘务和空中安全保卫专业在校生为对象，系统讲授了客舱救护技术以及空勤人员必须掌握的一般医学常识，严格按照交通运输部2021年第5号令颁布的《大型飞机公共航空运输承运人运行合格审定规则》（CCAR-121-R7）X章-应急医疗设备和训练、附件B-急救箱和应急医疗箱，中国民用航空局飞行标准司2011年颁布的《大型飞机公共航空运输承运人机载应急医疗设备配备和训练》（AC-121-102R1）的有关要求编写。

本书在编写理念上力求基础理论以应用为目的，着重基本概念和原理的阐述，突出理论知识的应用和实际操作，注重引入航空医学和机上救护新技术。全书共分七个部分，主要包括第一部分　认识客舱救护，第二部分　认识应急救护，第三部分　生命体征的判断，第四部分　现场心肺复苏，第五部分　现场创伤救护，第六部分　机上常见病症处理，第七部分　机上突发公共卫生事件。各部分有经典案例，并配有思考练习和实训任务，以便于学生巩固提高。全书配有大量插图，有利于学生对知识的理解。本书既可作为普通高等学校相关专业教材，还可供从事航空保障工作的医师和飞行人员参考。

本书由山东外贸职业学院杨超、霍连才任主编，山东外贸职业学院姜琳任副主编。全书由杨超统筹安排，与霍连才、姜琳共同完成，由北京大学国际医院急诊科钟美蓉医生把关和审定。本书在编写过程中得到了山东大学齐鲁医院、青岛大学附属医院、青岛市第八人民医院有关主任医师的鼎力支持，同时也得到了山东航空公司邢杨阳和李莹的大力支持，在此表示衷心的感谢。

另外，因编写水平所限，书中难免出现一些错误和疏漏，还望不吝赐教。

编　者

2022年1月

contents

目　录

第一部分　认识客舱救护 …… 1

第一节　乘务员应急医疗训练大纲 …… 1

一、客舱救护概念 …… 1

二、民航乘务员国家职业标准 …… 1

三、应急医疗训练 …… 2

四、应急医疗训练的内容 …… 2

五、应急医疗训练的复训 …… 3

六、应急医疗训练的小时数 …… 4

第二节　机上应急医疗设备配备标准 …… 4

一、应急医疗设备配备的依据 …… 4

二、应急医疗设备配备的目的 …… 4

三、应急医疗设备 …… 4

四、应急医疗设备的使用 …… 10

第三节　飞机运行中疾病和受伤的处理 …… 12

一、飞机运行中疾病和受伤处理的一般方法 …… 12

二、乘务员机上基本急救措施 …… 12

三、威胁生命的事故或疾病 …… 13

四、不威胁生命的事故或疾病 …… 14

五、健康注意事项 …… 14

经典案例 …… 15

思考练习 …… 16

实训任务书 …… 16

第二部分　认识应急救护 …… 17

第一节　救护新概念 …… 17

一、救护的概念 …… 17
二、应急救护的基本原则 …… 18
三、应急救护特点 …… 19
四、“生命链” …… 20
五、“生命链”的五个环节 …… 20
六、救护人员的基本职责 …… 23
第二节　把握救命的黄金时间 …… 23
一、“救命的黄金时间”的概念 …… 23
二、救命的黄金时间 …… 23
三、救护的三个阶段 …… 25
四、救护人员应具备的素质 …… 26
经典案例 …… 27
思考练习 …… 28
实训任务书 …… 28
第三部分　生命体征的判断 …… 29
第一节　意识的判断 …… 29
一、意识障碍 …… 29
二、意识的判断方法 …… 29
第二节　呼吸的判断 …… 30
一、呼吸的正常值 …… 30
二、常见的异常呼吸 …… 30
三、呼吸的计数法 …… 31
四、呼吸测量时应该注意的问题 …… 32
第三节　脉搏的判断 …… 33
一、脉搏的正常值 …… 33
二、常见的异常脉搏 …… 33
三、脉搏的计数法 …… 34
四、脉搏测量时应该注意的问题 …… 34
第四节　瞳孔的判断 …… 35
一、瞳孔的正常值 …… 35
二、常见的异常瞳孔 …… 35

三、瞳孔的观察法 …………………………………………………………………35
四、瞳孔观察时应该注意的问题 ……………………………………………………36
第五节 血压的判断 ……………………………………………………………36
一、血压的正常值 …………………………………………………………………36
二、常见的异常血压 ………………………………………………………………37
三、血压的测量法 …………………………………………………………………37
四、血压测量时应该注意的问题 ……………………………………………………38
第六节 体温的判断 ……………………………………………………………38
一、体温的正常值 …………………………………………………………………38
二、常见的异常体温 ………………………………………………………………38
三、体温的测量法 …………………………………………………………………38
四、体温测量时应该注意的问题 ……………………………………………………39
经典案例 ……………………………………………………………………………39
思考练习 ……………………………………………………………………………41
实训任务书 …………………………………………………………………………41

第四部分 现场心肺复苏 …………………………………………………………44
第一节 心肺复苏的流程 ………………………………………………………44
一、心跳呼吸骤停原因及表现 ………………………………………………………44
二、心肺复苏操作步骤 ……………………………………………………………45
三、小儿心肺复苏的流程 …………………………………………………………49
四、心肺复苏有效的表现和终止条件 ………………………………………………51
第二节 特殊情况下的心肺复苏 …………………………………………………52
一、雷击或电击 ……………………………………………………………………52
二、创伤 ……………………………………………………………………………53
三、妊娠 ……………………………………………………………………………53
经典案例 ……………………………………………………………………………54
思考练习 ……………………………………………………………………………55
实训任务书 …………………………………………………………………………55

第五部分 现场创伤救护 …………………………………………………………58
第一节 止血 ……………………………………………………………………58

一、出血部位的判断 ······58
二、失血的表现 ······59
三、外出血的常用止血方法 ······59
第二节　包扎 ······62
一、概述 ······62
二、三角巾包扎 ······63
三、绷带包扎 ······67
第三节　骨折固定 ······69
一、骨折的种类 ······69
二、骨折的判断标准 ······70
三、骨折固定的方法 ······70
四、几种骨折固定技术 ······71
第四节　伤员转运 ······74
一、搬运要求 ······74
二、特殊伤员搬运的正确方法 ······74
三、使用器械搬运伤员的正确方法 ······75
四、徒手搬运伤员的正确方法 ······76
五、简易搬运器材的准备 ······78
经典案例 ······79
思考练习 ······80
实训任务书 ······80
第六部分　机上常见病症处理 ······83
第一节　心脑血管疾病 ······83
一、心绞痛 ······83
二、脑出血 ······85
三、心肌梗死 ······87
第二节　消化系统疾病 ······88
一、胃痉挛 ······88
二、急性胃肠炎 ······89
三、急性胃出血 ······90
第三节　呼吸系统疾病 ······90

一、呼吸道梗阻 …… 90
二、窒息 …… 93
三、支气管哮喘 …… 94
第四节 机上流产与分娩 …… 95
一、机上流产 …… 95
二、机上分娩 …… 96
第五节 机上其他常见疾病 …… 98
一、休克 …… 98
二、晕厥 …… 99
三、急性酒精中毒 …… 100
四、抽搐 …… 101
五、换气过度综合征 …… 101
六、晕机 …… 102
七、压耳 …… 102
八、腹痛 …… 103
九、头疼 …… 104
十、牙疼 …… 104
十一、发烧 …… 105
十二、烫伤 …… 106
十三、抽筋 …… 107
十四、癫痫 …… 107
第六节 高原疾病的处理 …… 108
一、高原疾病急救概述 …… 108
二、急性高原反应 …… 109
三、高原肺水肿 …… 109
四、高原脑水肿 …… 110
五、高原心脏病 …… 111
六、高原高血压 …… 111
七、空勤人员应对高原病的措施 …… 112
第七节 机上死亡 …… 113
一、定义 …… 113
二、处理方法 …… 113

三、记录并报告 …… 113
经典案例 …… 114
思考练习 …… 115
实训任务书 …… 115

第七部分　机上突发公共卫生事件 …… 117
第一节　传染病分类与传播途径 …… 117
一、传染病的分类 …… 117
二、传染病的特点 …… 118
三、传染病的传播途径 …… 118
四、传染病的防控 …… 120
第二节　甲类传染病 …… 120
一、鼠疫 …… 121
二、霍乱 …… 122
第三节　乙类传染病 …… 123
一、新型冠状病毒感染 …… 123
二、传染性非典型肺炎 …… 124
三、艾滋病 …… 126
四、病毒性肝炎 …… 128
五、流行性出血热 …… 129
六、流行性脑脊髓膜炎 …… 129
七、疟疾 …… 130
第四节　丙类传染病 …… 132
一、流行性感冒 …… 132
二、流行性腮腺炎 …… 133
三、麻风病 …… 134
第五节　机上突发公共卫生事件处置程序 …… 135
一、可疑传染病的一般症状 …… 135
二、处理方法 …… 136
经典案例 …… 136
思考练习 …… 137
实训任务书 …… 137

民航乘务员急救 100 题（一）…… 139
民航乘务员急救 100 题（二）…… 148
参考文献…… 157
附录 1　大型飞机公共航空运输承运人运行合格审定规则（摘录）…… 158
附录 2　民用航空人员体检合格证管理规则（摘录）…… 162
附录 3　空勤人员和空中交通管制员体检合格证医学标准（摘录）…… 173
附录 4　常用人体检验项目的正常参考值及其临床意义…… 177

第一部分 认识客舱救护

民航乘务员要按照《民航乘务员国家职业标准》规定的民航乘务员应该掌握的客舱应急救护知识和技能标准，及《大型飞机公共航空运输机载应急医疗设备配备和训练》（AC-121-102R1）规定的机上应急医疗设备配备标准，掌握急救知识和操作技能，以及应急医疗设备的配备和操作规程。

第一节　乘务员应急医疗训练大纲

一、客舱救护概念

在遇到紧急情况后，民航乘务员的任务是提供必要的、基本的紧急救治，直到专业医务人员赶到，而不是诊断旅客的病情或进行预先治疗。按照民航局《大型飞机公共航空运输承运人运行合格审定规则》（CCAR-121-R7）和《大型飞机公共航空运输承运人机载应急医疗设备配备和训练》（AC-121-102R1）的有关要求，民航乘务员必须掌握急救的基本知识和技能。

二、民航乘务员国家职业标准

根据民航乘务员国家职业标准，将本职业分为五级乘务员 / 初级工、四级乘务员 / 中级工、三级乘务员 / 高级工、二级乘务员 / 技师、一级乘务员 / 高级技师五个等级，每个等级对应急医疗处置的技能和知识要求见表 1.1。

表 1.1　民航乘务员国家职业标准

民航乘务员等级	工作内容	技能要求	相关知识要求
五级乘务员 / 初级工	应急医疗处置	1. 能判断和处理因机舱内压力变化等原因所引起的压耳及晕机等不适症状； 2. 能实施心肺复苏。	1. 机上常见病处置方法； 2. 心肺复苏相关知识及操作。

续表

民航乘务员等级	工作内容	技能要求	相关知识要求
四级乘务员/中级工	应急医疗处置	1. 能处置晕厥、痫癫等病症； 2. 能实施止血、包扎、固定、搬运等外伤急救。	1. 晕厥、痫癫等病症处置要求； 2. 机上急救设备使用方法； 3. 外伤急救基本技术。
三级乘务员/高级工	应急医疗处置	能处理痢疾、流行病等传染病。	传染病种类、症状及预防措施。
二级乘务员/技师	应急医疗处置	1. 能处置机组/乘务组人员失能事件； 2. 能处置气道堵塞、脑出血等应急医疗事件； 3. 能处置机上死亡事件； 4. 能填写机上急救等紧急事件报告单。	1. 机组/乘务组人员失能处置程序； 2. 气道堵塞、脑出血等应急医疗事件处置方法； 3. 重大事件报告规定及程序； 4. 机上死亡事件处置方法； 5. 机上急救等紧急事件报告单填写规定。
一级乘务员/高级技师	突发事件处置	能指挥乘务员在突发医疗事件中有序开展工作。	应急医疗知识。

三、应急医疗训练

航空公司应按照民航局《大型飞机公共航空运输承运人运行合格审定规则》(CCAR-121-R7)和《大型飞机公共航空运输机载应急医疗设备配备和训练》(AC-121-102R1，满足要求的大型飞机公共航空运输企业简称合格证持有人)，针对每一型别、厂家、构型的飞机，每一机组必需成员，每一运行种类的训练大纲中，都应包括应急医疗初始训练和复训。应急医疗训练应由取得医疗救护培训资格的人员担任教员。应急医疗训练应具备训练种类要求的固定场所、设施和装备。

四、应急医疗训练的内容

应急医疗训练包括一般应急医疗训练和特需应急医疗训练，并分别设置相应的训练课程段。应急医疗训练应包括基本知识讲授、技能演示、实践操作等。训练考核包括知识、技能和操作的考核。

（一）一般应急医疗训练

一般应急医疗训练是结合飞机的型别、厂家、构型、运行种类和特点设定的完成应急医疗所必需的知识和技能：包括急救箱的位置、箱内医疗用品的功能和使用方法，以及根据运行种类、特点，机组成员所必须掌握的呼吸原理、生理组织缺氧、高空不供氧情况下的有知觉时间、减压物理现象等方面的知识。

一般应急医疗训练应包括应急演练训练和紧急情况训练。

应急演练训练是指应急医疗设备的位置、箱内医疗用品的功能和使用方法、高空减压和组织缺氧等特定项目知识的培训和练习。训练内容包括医疗用品名录和使用条件、应用范围、基本操作技能、高空呼吸原理、高空减压和组织缺氧、紧急事件时机组成员之间协调、应急程序等知识。

紧急情况训练是指发生突发公共卫生事件或者实施交通卫生检疫的应急反应措施。包括紧急情况报告、污染源或伤病人员的临时隔离、舱内人员健康保护、环境紧急消毒处理等知识和技能。

机组成员都必须进行一般应急医疗训练。

（二）特需应急医疗训练

特需应急医疗训练是指针对旅客、机组成员的医学急症或者在紧急事件时的意外受伤，使用应急医疗设备实施急救的知识和技能的培训和练习。包括创伤止血、现场包扎、骨折固定、搬运护送、心肺复苏、妊娠旅客紧急情况处置等技能。

机组成员应掌握创伤现场救护的目的：抢救、延长伤病人员的生命、减少出血、防止休克、保护伤口、固定骨折、防止并发症、快速地搬移转运。

机组成员应掌握急救箱内医疗用品的功能和使用方法，包括：指压止血、包扎止血和止血带止血的适用情况、基本方法、出血救治流程、绷带及三角巾现场包扎方法、开放伤现场处理方法、不同类型骨折固定方法、搬运护送原则及方法等知识和技能。

民航乘务员应掌握心肺复苏知识和基本操作，包括：心肺复苏、气道阻塞急救、基本生命支持流程等知识和技能。

机组成员应了解应急医疗箱位置、箱内医疗用品名录及基本知识，在旅客或者机组成员出现意外伤病和医学急症时，能够配合执业医师或者专业急救人员，使用箱内医疗用品实施现场医疗救护。

五、应急医疗训练的复训

（一）一般应急医疗训练的复训

合格证持有人应实施一般应急医疗训练和特需应急医疗训练的复训，必须为定期复训编制单独的一般应急医疗训练和特需应急医疗训练课程段，并获得中国民用航空局对该课程段的批准。机组成员至少每 24 个日历月接受一次一般应急医疗训练，包括应急演练训练和紧急情况训练。

（二）特需应急医疗训练的复训

特需应急医疗训练的复训包括以下两种复训要求。

（1）飞行机组成员至少每 24 个日历月接受一次特需应急医疗训练，或结合模拟机定期进行复训。

（2）民航乘务员至少每 12 个日历月接受一次特需应急医疗训练。

六、应急医疗训练的小时数

应急医疗训练的小时数包括初始训练和复训的小时数。应急医疗初始训练的小时数要求：一般应急医疗训练至少 10 小时，其中操作演示和技能实践不少于 4 小时；特需应急医疗训练至少 12 小时，其中操作演示和技能实践不少于 6 小时。应急医疗训练复训的小时数要求：一般应急医疗训练复训至少 3 小时，其中操作演示和技能实践不少于 1 小时；特需应急医疗训练复训至少 5 小时，其中操作演示和技能实践不少于 2 小时。

第二节　机上应急医疗设备配备标准

一、应急医疗设备配备的依据

依据《大型飞机公共航空运输承运人运行合格审定规则》（CCAR-121-R7）规定的应急医疗设备应包括急救箱、应急医疗箱和卫生防疫包，以及箱（包）里所需的医疗用品和器械。

二、应急医疗设备配备的目的

为实施载客运行的大型飞机公共航空运输合格证持有人机组成员处置飞行中出现的医学事件。

三、应急医疗设备

需配备应急医疗设备的飞机是指使用最大起飞全重超过 5 700 千克的多发飞机实施的定期载客运输飞行和使用旅客座位数超过 30 座或者最大商载超过 3 400 千克的多发飞机实施的不定期载客运输飞行的飞机。应急医疗设备包括：根据飞机载客座位数量确定的必须配备经批准的最少数量的急救箱及箱内配备的医疗用品；以及载运旅客并且配备客舱机组的飞机上至少配备经批准的一只应急医疗箱及箱内配备的医疗用品和物品。

1. 急救箱

用于对旅客或者机组人员受伤的止血、包扎、固定等应急处理，如图 1.1 所示。

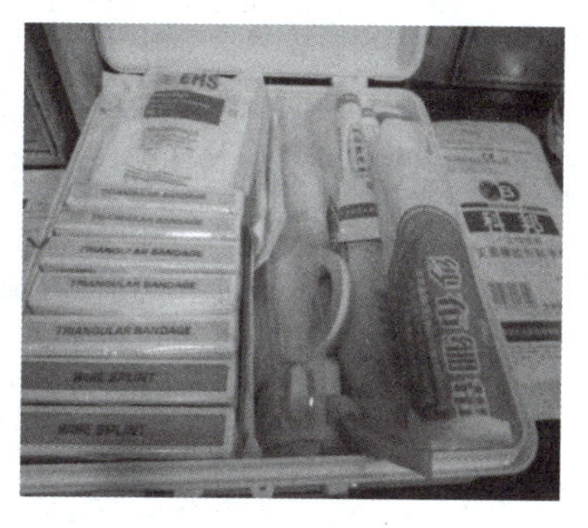

图 1.1　急救箱

（1）配备数量要求

每架飞机在载客运行中至少配备的急救箱数量，如表 1.2 所示。

表 1.2　每架飞机在载客运行中至少配备的急救箱数量

旅客座位数	急救箱数量 / 只
100 座以下（含 100 座）	1
101～200 座	2
201～300 座	3
301～400 座	4
401～500 座	5
500 座以上	6

（2）配备内容及规格要求

每只急救箱内至少配备的医疗用品如表 1.3 所示。

表 1.3　每只急救箱内至少配备的医疗用品

项目（规格）	作　用	CCAR-121 标准
绷带，3 列（5cm）、5 列（3cm）	主要用于各种伤口的包扎固定使用，并不直接接触伤口。	各 5 卷、7 卷
敷料（纱布），10cm × 10cm	用以覆盖创伤面或其他损害的材料。	10 块
三角巾（带安全别针）	广泛适用于病人的头部、面部、手掌、腹部、足部、膝关节、前额、耳部等受伤部位包扎。	5 条
动脉止血带	适用于四肢大出血。当其他止血法不能止血时才用动脉止血带进行止血。在四肢伤口的近心端迅速进行止血带止血，上臂和大腿都应绷在上 1/3 的部位，止血带不要直接扎在皮肤上，必须要注明止血开始的时间。	1 条

续表

项目（规格）	作　　用	CCAR-121 标准
外用烧伤药膏	涂抹于烧烫伤所致的皮肤发红、起水泡的表面，然后用医用纱布覆盖、包扎，有缓解疼痛的作用。	3 支
手臂夹板	固定骨折部位的材料。	1 副
腿部夹板	固定骨折部位的材料。	1 副
胶布，1cm、2cm（宽度）	—	各 1 卷
剪刀	用于急救时剪医用敷料，伤口处衣物等。	1 把
皮肤消毒剂及消毒棉	酒精棉片成分中一般含有 75% 的乙醇，具有杀菌消毒、防止感染的作用。消毒棉签由棉签、复合碘或碘伏组成，供皮肤、创口清理消毒时使用。	适量
橡胶手套或者防渗透手套	医用橡胶手套适用于医用检查和诊断治疗过程中防止病人和使用者之间交叉感染，也适用于处理受污染的医疗材料。	2 副

注：上述清单内物品数量高于或等于 CCAR-121 标准即可执飞。

（3）急救箱的使用

① 在机上出现外伤或需用其中用品时即可取用。

② 经过急救训练的乘务人员或经专门训练的人员均可打开并使用此箱内物品。

③ 使用急救箱后要准确填写事件报告单。

2. 应急医疗箱

用于旅客或者机组人员意外受伤或者出现医学急症时的应急医疗处理，如图 1.2 所示。

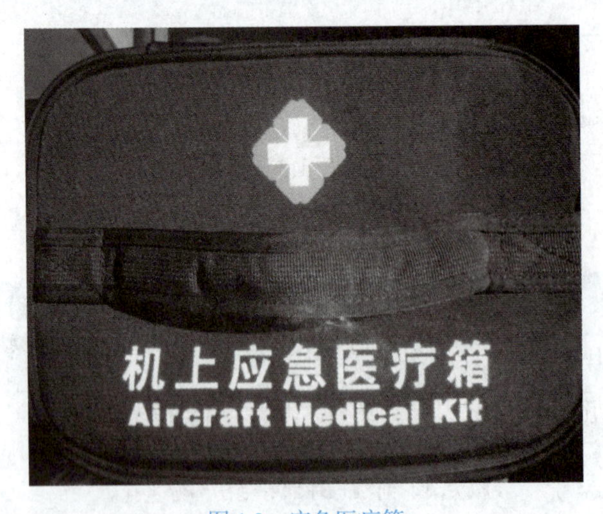

图 1.2　应急医疗箱

（1）配备数量要求

1 个。

（2）配备内容及规格要求

每只应急医疗箱内至少配备的医疗用品和物品如表 1.4 所示。

表 1.4　每只应急医疗箱内至少配备的医疗用品和物品

项目及使用限制	作用（规格或用法）	CCAR-121 标准
血压计	血压计的测量原理为缠缚于上臂的袖带，其压力作用于肱动脉。调节袖带气体改变压力，用听诊器听搏动的声音，从而得到收缩压和舒张压。	1 个
听诊器	听诊器可用于收集和放大从心脏、肺部、动脉、静脉和其他内脏器官处发出的声音。	1 副
口咽通气道（三种规格）【在医疗专业人员指导下使用】	在急救和心肺复苏中起限制舌后坠、维持气道开放，保持伤患旅客气道畅通的作用。适应证：①发生呼吸道梗阻或舌后坠的伤患旅客。②气道分泌物较多的伤患旅客。③中、重度急性有机磷农药中毒洗胃的伤患旅客。	各 1 个
静脉止血带	有橡皮止血带或卡扣式止血带两种。静脉止血、静脉注射时使用。	1 条
脐带夹【仅医疗专业人员使用】	脐带夹用于脐带的剪断、止血、结扎。使用一次性脐带夹，被剪下的脐带也是封闭的，避免了脐带血的流失，为脐带血的回收利用创造了有利条件。	1 个
医用口罩	医用口罩具有抵抗液体、过滤颗粒物和细菌等效用，是一种医疗防护用纺织品。	2 个
医用橡胶手套	医用橡胶手套适用于医用检查和诊断治疗过程中防止伤患旅客和使用者之间交叉感染，也适用于处理受污染医疗材料。	2 副
皮肤消毒剂	酒精棉片成分中一般含有 75% 的乙醇，具有杀菌消毒、防止感染的作用。	适量
消毒棉签（球）	消毒棉签（球）由棉签（球）、复合碘或碘伏组成，供皮肤、创口清理消毒时使用。	适量
体温计（非水银式）	体温计使用前，应先用酒精对体温计头部进行消毒。腋下时，电子体温计应紧贴感温部位。	1 支
注射器（2mL、5mL）	—	各 2 支
0.9% 氯化钠溶液	主要用于清洗创伤面或稀释注射用药品。	至少 250mL
1∶1 000 肾上腺素单次用量安瓶【仅医疗专业人员操作】	处方药，适应证：①主要使用于因支气管痉挛所致的严重呼吸困难；②可以迅速缓解药物等引起的过敏性休克。③各种原因引起的心脏骤停进行心肺复苏的主要抢救用药。	2 支
盐酸苯海拉明注射液【仅医疗专业人员操作】	处方药，适应证：①主要用于急性重症过敏反应；②其他过敏反应，不宜口服用药者。	2 支
硝酸甘油片【在医疗专业人员指导下使用】	用于突发心绞痛或急性心肌梗死时应急处置。 用法用量：成人一次用一片，舌下含服。每 5 分钟可重复用药 1 次，直至疼痛缓解。如果 15 分钟内用药 3 片后疼痛持续存在，不应该继续给药。	10 片

续表

项目及使用限制	作用（规格或用法）	CCAR-121 标准
乙酰水杨酸（阿司匹林）口服片【在医疗专业人员指导下使用】	处方药，适应证：①解热镇痛作用较强，能降低发热者的体温，对正常体温几乎无影响，只能缓解症状，不能治疗病因；②还有抗血小板聚集的作用，延长出血时间，防止血栓形成，小剂量用药（每日 40～50 毫克）用于预防暂时性脑缺血发作、心肌梗死或其他手术后的血栓。	适量
应急医疗箱手册（含药品和物品清单）	—	1 本
知情同意书	—	若干
事件记录本或机上应急事件报告单	—	1 本（若干页）
塑料铅封（红色）	二次铅封使用。	无要求

注：上述清单内物品数量高于或等于 CCAR-121 标准即可执飞。

（3）应急医疗箱的使用

① 机上有急重伤病旅客，且有医务人员帮忙时使用，使用前应确认医务人员身份；其他需要的场合机长有权决定打开并取用其中用品。

② 使用时，须填写《应急医疗设备和药品使用知情同意书》，并按要求请相关人员签字。

③ 使用后，准确填写事件报告单，在相应位置请机长、使用医生和乘务长分别签字。

3. 急救箱和应急医疗箱的使用记录和报告

急救箱和应急医疗箱内附有“医疗用品和药品清单”，式样如表 1.5 所示。

表 1.5　医疗用品和药品清单

<table>
<tr><td colspan="5">航空公司名称：</td><td colspan="4">机型 / 机号：</td></tr>
<tr><td colspan="5">负责配备的部门：</td><td colspan="4">配备时间：　　配备负责人签名：</td></tr>
<tr><td rowspan="2">医疗用品或药品名称</td><td rowspan="2">规格</td><td rowspan="2">数量</td><td rowspan="2">配备时间</td><td rowspan="2">最后检查时间 / 检查人员签名</td><td colspan="3">使用和补充记录</td><td rowspan="2">使用有效期及需更换的时间</td></tr>
<tr><td>使用时间</td><td>使用数量</td><td>补充时间和数量</td></tr>
<tr><td></td><td></td><td></td><td></td><td></td><td></td><td></td><td></td><td></td></tr>
<tr><td></td><td></td><td></td><td></td><td></td><td></td><td></td><td></td><td></td></tr>
<tr><td></td><td></td><td></td><td></td><td></td><td></td><td></td><td></td><td></td></tr>
<tr><td></td><td></td><td></td><td></td><td></td><td></td><td></td><td></td><td></td></tr>
<tr><td></td><td></td><td></td><td></td><td></td><td></td><td></td><td></td><td></td></tr>
</table>

按照《大型飞机公共航空运输承运人运行合格审定规则》（CCAR-121-R7）的规定，合格证持有人及时将飞行中发生的紧急医疗事件、应急医疗设备和药品使用情况做出记

录，并及时报告民航局。应急医疗箱内应附有“配备药品使用说明”。急救箱和应急医疗箱的设计、应选用便于在客舱内放置，具备防尘、防潮和防不良温度损害。

4. 卫生防疫包

卫生防疫包用于清除客舱内血液、尿液、呕吐物和排泄物等潜在传染源，护理疑似传染病旅客时的个人防护，如图 1.3 所示。

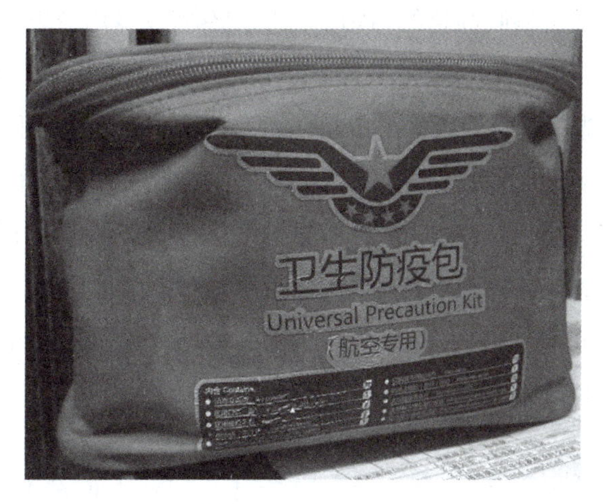

图 1.3　卫生防疫包

（1）配备数量要求

每 100 个旅客座位配备不得少于 1 个（100 座以内配备 1 个）。

（2）配备内容及规格要求

卫生防疫包内至少应该配备的医疗用品见表 1.6。

表 1.6　卫生防疫包内至少应该配备的医疗用品

项目（规格）	作　用	CCAR-121 标准
液体、排泄物消毒凝固剂	对有潜在传染性的体液可以消毒杀菌，同时有吸水和凝胶化作用。	100 克
表面清理消毒片	消毒受过污染的物品表面。	有效成分 1～3 克
皮肤消毒擦拭纸巾	消毒手及皮肤表面。	10 块
医用口罩和眼罩	保护呼吸道和眼部不接触污染物。	各 1 个（副）
医用橡胶手套	保护手部不接触污染物。	2 副
防渗透橡胶（塑料）围裙	保护前臂和躯体前面不接触污染物。	1 条
大块吸水纸（毛）巾	擦拭消毒过的表面。	2 块
便携拾物铲	清除经消毒凝固剂消毒、凝化处理后的污染物。	1 套
生物有害物专用垃圾袋	盛装污染物和所有接触过污染物的物品。	1 套
物品清单和使用说明书	提示如何操作和使用。	1 份
事件记录本或机上应急事件报告单	记录本次使用防疫包情况。	1 本（若干页）

（3）卫生防疫包的使用

① 穿戴个人防护用品。依次穿戴医用口罩、眼罩、医用橡胶手套、防渗透围裙。

② 配制消毒液。取1片表面清理消毒片放入250～500毫升的清水中，配制成1：（500～1 000）浓度的消毒液，用于对污物污染的座舱内物品表面和地面进行初步消毒。

③ 将消毒凝固剂均匀覆盖于液体、排泄物等污物3～5分钟，使其凝胶固化。

④ 使用便携拾物铲将凝胶固化的污物铲入生物有害物专用垃圾袋中。

⑤ 用配好的消毒液对污物污染的物品进行消毒，保证消毒液在物品表面滞留3～5分钟后用清洁水擦拭清洗，最后用吸水毛巾将残留水渍吸干，上述过程重复进行一遍，然后将使用后的吸水毛巾及其他使用过的消毒用品放入生物有害物专用垃圾袋。

⑥ 依次脱掉手套、围裙，用皮肤消毒擦拭纸巾擦手消毒；再依次脱下口罩、眼罩，最后用皮肤消毒擦拭纸巾擦手及身体其他可能接触到污物的部位。

⑦ 将所有使用后的防护用品装入生物有害物专用垃圾袋后，将垃圾袋封闭，将生物危害垃圾标签（见图1.4）粘贴在垃圾袋封口处。

图1.4　生物危害垃圾标签

⑧ 将已封闭的生物有害物专用垃圾袋暂时存放于适当位置，避免丢失、破损或对机上餐食造成污染。

⑨ 通知目的地的地面相关部门做好接收准备。

⑩ 生物有害垃圾按照医疗垃圾管理原则处置，负责接收的地面相关部门事先与医疗废物的专业机构签订协议，以确保生物有害垃圾及时送往相关机构进行无害化处理。

四、应急医疗设备的使用

应急医疗设备及医疗用品、物品配备后，应采取措施对每个箱体使用封条进行封箱，并签注配备日期。封箱后保管、存放、运输、交接直至在飞机客舱中放置，均应有专人负责，并符合药品保存及其他卫生要求。

急救箱应均匀放置在客舱中易于取用的位置，不适于装在急救箱内的手臂夹板和腿部夹板可存放在距离急救箱尽可能近的易于取用的位置；应急医疗箱应放置在客舱中机组人员易于取用的位置。应急医疗设备放置位置应有明确的标示。

（1）飞行期间小的紧急事件造成的旅客或者机组人员受伤的应急处理。

（2）飞行期间旅客或者机组人员的意外受伤或者医学急症的应急处理。

（3）急救箱应用于对旅客或者机组人员受伤的止血、包扎、固定等应急处理。

（4）应急医疗箱应用于对旅客或者机组人员意外受伤或者医学急症的应急医疗处理，其使用应满足以下几个条件。

① 使用非处方药物，应有伤（患）者或同行人员的签署应急医疗设备和药品使用知情同意书，如图 1.5 所示。

应急医疗设备和药品使用知情同意书

本人因身体不适或伤痛，在乘坐的飞机上（航班号：　　　　　　）使用了由航班免费提供的药品（药品名：　　　　　　　）共（　　）片或航班提供的医疗急救设备（设备名：　　　　　）。我在服药（或使用医疗急救设备）前已阅读使用说明书，清楚了解该药或设备的使用方法和注意事项等，出现由于使用上述药品和/或医疗急救设备所导致的不良反应或症状，由本人负责。

旅客签名：

同行人签名（如需要）：

医疗急救专业人员签名（如需要）：

客舱机组成员签名：　　　　　　　年　月　日

图 1.5　应急医疗设备和药品使用知情同意书

② 使用处方药物，应有专业医疗急救人员的诊疗和指示，或伤（患）者随身携带有注册执业医师和执业助理医师的医嘱，或由机上具有注册执业医师和执业助理医师资格的医疗人员使用。

③ 使用各种医疗器械，应由注册执业医师和执业助理医师、专业医疗急救人员使用，或在其指导下使用。

合格证持有人应在运行手册中明确客舱应急医疗设备的检查周期，并定期进行检查。检查周期应不大于医疗用品和药品的最短有效使用期。

检查内容包括医疗用品和药品是否在有效使用期内、医疗用品和药品是否完好无损、品类和规格是否齐全、使用情况记录是否完整、医疗用品和药品的补充是否及时、应急医疗设备箱体是否封存完好、应急医疗设备在客舱内是否分布均匀并有明显标示等。定期检查应记录检查情况、检查时间和检查人，并记录在“医疗用品和药品清单”上。合格证持有人在载客运行时，应始终保障应急医疗设备的配备数量、种类和有效性符合运行合格的最低要求。应急医疗设备在一次运行中使用后，如配备数量、种类低于CCAR-121部规定的要求，合格证持有人应在本次运行后立即予以补充或更换。

知识链接

一次运行是指除技术经停外，在飞行任务规定的1个航程内无旅客中途登乘飞机的运行。

第三节　飞机运行中疾病和受伤的处理

一、飞机运行中疾病和受伤处理的一般方法

（1）办理乘机、登机手续时，如发现旅客身体、精神健康状态不符合航空运输的要求，值机、地面工作人员或乘务人员应劝导旅客不登机；劝导无效的，应要求旅客或其陪同人填写《特殊旅客乘机申请书》，并要求其在免责声明上签字，航后上交相关部门。

（2）起飞前，如旅客或机组成员出现严重疾病或受伤，应由机场医务人员在地面进行处理。

（3）飞行中，如旅客或非直接参与飞机操作的机组成员出现严重疾病或受伤，乘务组在进行必要救护的同时，应及时在旅客中寻求专业医务人员的协助。

（4）如旅客或机组成员病情或伤势严重而需要急救时，乘务员应告知飞行组通告空中交通管制部门，并视情况在就近合适的机场着陆。如机组成员出现严重疾病或受伤，而不能满足机组定员最低配置时，飞机不得起飞。

（5）因救护目的的需要，而紧急在就近合适的机场着陆时，机组应向旅客进行必要说明或解释。

（6）乘务组应确认并向机长报告伤 / 患者的所有手提行李物品都已提取离机。

（7）机长应通过地面工作人员确认伤 / 患者的所有交运行李已提取并离机。

（8）伤 / 患者是否死亡应由机场当局医务人员或具备资格的医疗机构认定，待其确认后，航空公司值机、地面工作人员或机组成员应立即将有关信息报公司运行风险控制中心。始发站、经停站、到达站公司工作人员和机组成员，应书面汇报事件处理经过。

二、乘务员机上基本急救措施

（1）每一个民航乘务员都应作为集体的一员来履行职责以确保迅速而有效的处理情况。

（2）应及时观察乘客的生命体征。

（3）识别会威胁生命及不会威胁生命的紧急情况并提供相应的急救。

（4）寻求帮助，广播寻求医疗协助。如果有乘客自称为医生，应查看其证件并确定是哪科医生。

（5）提供急救时，应考虑客舱内特定形势下有限的空间。

（6）除非绝对必要，否则不要移动乘客；保持最适合他 / 她病情缓解的体位。

（7）只有在告诉乘客或陪同人员并得到示意或默认后，才能给其服用口服药。

（8）一般民航乘务员不得为乘客进行皮下注射。

（9）要及时向机长报告情况。

（10）直到地面医生或合格的航空公司代表来到后，民航乘务员才可离开。病人不得单独与机上援助者待在一起。

三、威胁生命的事故或疾病

威胁生命的事故或疾病是指随时会出现生命危险的疾病。

（1）采取基本急救措施进行急救。

（2）立即通知机长并传达下列信息。

① 乘客的姓名、地址、性别和年龄。

② 乘客的目的地。

③ 着陆后需要的医务帮助种类。

④ 症状，包括有无知觉。

（3）乘务员记录病人附近的 2～3 位乘客的姓名、家庭地址和联系电话，并请乘客签名。

（4）完成相应的行政步骤，填写紧急医学事件报告单（见表 1.7）。

表 1.7　紧急医学事件报告单

<table>
<tr><td>航班号
FLIGHT</td><td></td><td>机号
AIRPLANE NO</td><td></td><td>日期
DATE</td><td></td><td>备降地
ALTERNATE</td><td colspan="3"></td></tr>
<tr><td>病人姓名
NAME</td><td></td><td>性别
GENDER</td><td></td><td>国籍
NATIONALITY</td><td></td><td>年龄
AGE</td><td></td><td>证件号
PASSPORT NO</td><td></td></tr>
<tr><td>座位号
SEAT</td><td></td><td>目的地
DESTINATION</td><td></td><td>联系电话
TELEPHONE</td><td></td><td>地址
ADDRESS</td><td colspan="3"></td></tr>
<tr><td colspan="6">事件情况
EMERGENCY</td><td colspan="4">事件情况
EMERGENCY</td></tr>
<tr><td colspan="6"></td><td colspan="4"></td></tr>
</table>

续表

证明人姓名 WITNESS	地址 / 电话 ADDRESS/TELEPHONE	国籍及证件号 NATIONALITY & PASSPORT NO	座位号 SEAT	签名 SIGNATURE
处理人员签名 NAME OF PREPARATION	地址 ADDRESS	联系电话 TELEPHONE		签名 SIGNATURE
乘务长签名 CHIEF ATTENDANT SIGNATURE				

四、不威胁生命的事故或疾病

不威胁生命的事故或疾病是指暂时不会出现生命危险的疾病。

（1）采取基本急救措施进行急救

（2）立即通知机长并给出下列信息。

① 乘客的姓名、地址、性别和年龄。

② 乘客的目的地。

③ 着陆后需要的医务帮助种类。

④ 症状。

（3）随时观察病情的变化。

（4）在飞机抵达前通知乘客的目的地机场。

（5）了解接近事故或病人周围的 2～3 位乘客的姓名、家庭地址和联系电话并做好相应记录。

五、健康注意事项

提供急救时，注意保护自己和乘客以减少被感染的危险。

（1）避免皮肤或嘴巴直接接触血液和伤口等。

（2）采取某种类型的保护措施以防止皮肤直接接触任何体液。建议用手套、塑料袋、清洁袋、清洁纱布或餐巾等。

（3）急救时采用相应的药箱，用来清洁被体液污染的东西。

（4）急救后尽快洗手。

（5）若备有口罩时，可以戴上口罩预防感染。

（6）如果在提供急救时接触了任何体液，被接触的机组人员应实情报告。

经典案例

在东航的上海浦东——西宁航班上，供餐结束后，3号乘务员孙雯婧在收杯子的时候，发现33A一名二十多岁的女旅客靠在椅背上闭着眼睛哭泣。她上前询问情况，但旅客没有反应，孙雯婧随即通知乘务长杨柳。乘务长闻讯立即赶过去，疏散与其同排的旅客，大声呼唤她仍没反应，该旅客当时已经失去意识。乘务长杨柳凭借培训中心传授的急救知识断定该旅客急需抢救。

当时情况十分紧急，乘务组分工合作，安全员朱仲毅和一名男旅客将该旅客抬到前服务舱，平躺在地板上，保持呼吸畅通。头等舱乘务员朱婷广播找医生，并通知机长。乘务员孙雯婧和邓晓露拿来氧气瓶和急救药箱，乘务员徐欣璐在后舱安抚旅客，查看旅客随身行李是否有备用药，机长丁宇洲第一时间前来了解情况，乘务长杨柳拿出“嘴对嘴呼吸面罩”对旅客实施心肺复苏，随后为旅客吸氧。这时，机上寻找到一位医生，他为旅客测量血压，服用速效救心丸。经过急救，旅客的情况有所好转，但仍无法与乘务员沟通。旅客情况好转后又闭着眼睛哭泣，且呼吸急促，没有意识的情况恶化，机长当即决定备降西安。乘务长杨柳坚持给旅客做了多组心肺复苏，乘务员邓晓露、朱婷始终陪护在旅客身旁鼓励她要坚强，乘务员孙雯婧记录周围旅客信息。

经过半个多小时的急救，在乘务组的共同努力下，终于在落地前两分钟，旅客苏醒了，意识恢复了，能跟乘务员进行简单的交流了。原来，旅客因亲人逝世，一个人回西宁奔丧，因伤心过度而导致心脏病复发，乘务员得知后安慰、开解她。到达西安后，旅客被送上了急救车，在机门口望着急速驶离的急救车满头大汗的机组人员悬着的一颗心终于放下了，振作精神继续下面的航程。

问题：

1. 通过本案例，民航乘务员应具备哪些知识、能力和素质？

2. 通过本案例，机上应该配备哪些必要的应急医疗设备？

思考练习

1. 民航乘务员一般应急医疗训练包括哪些内容?

2. 客舱应包括哪些应急医疗设备?分别有什么作用?

3. 在什么条件下可以使用机上应急医疗设备?

实训任务书

快速说出急救箱、应急医疗箱、卫生防疫包中各物品名称、作用及使用方法。

要求

1. 设裁判员 7 名,其中教师 1 名、学生 6 名。

2. 实训同学采取抽签形式决定先后顺序。

3. 裁判员依据《大型飞机公共航空运输承运人运行合格审定规则》(CCAR-121-R7) X 章 - 应急医疗设备和训练、附件 B- 急救箱和应急医疗箱等规定,摆放应急医疗设备,让学生快速准确地说出应急医疗设备名称、作用及使用方法。

4. 时间为 5 分钟,时间结束则终止操作。

实训考核

学生完成实训后应如实填写实训报告,报告主要内容如下:实训目的;实训内容;本人承担的实训任务及完成情况;实训小结;实训评估(由教师完成)。

第二部分 认识应急救护

应急救护已经成为普通人群在突发状况下生存的保障，作为民航乘务员更应懂得应急救护、救护原则、救护特点、黄金救命时间及救护的三个阶段。

第一节　救护新概念

一、救护的概念

救护是指在现代社会发展和人类生活新模式下，针对在生产、生活环境中发生的危重急症、意外伤害，向公众普及急救知识，使其掌握先进的救护理念和技能，成为“第一目击者”，以便能在现场开展及时有效的救护，从而达到“挽救生命、减轻伤残”的目的，为安全生产、健康生活提供必要的保障。

知识链接

传统救护与救护新概念

传统救护是在遇有危重伤病人时，尽快寻找交通工具，将其送往医院救治，但可能使一些伤病者丧失了挽救生命最宝贵的时间。

在事发现场最初的几分钟、十几分钟是抢救危重伤病人最重要的时刻，在医学上称为救命的“黄金时刻”，救护新概念是指在此期间，抢救及时、正确，生命就有可能被挽救，反之则会丧失生命或使病情加重，现场及时有效的救护将为医院进一步抢救伤病人创造有利条件，能最大限度地挽救伤病人生命并减轻伤残。

救护新概念要求在事发现场对伤病旅客实施及时、先进、有效的救护，强调立足现场救护。第一目击者在现场实施有效的初步紧急救护措施，然后在医疗救护下或运用救援医疗服务系统将伤病人迅速送达就近的医疗机构进一步救治。有效的现场和途中急救为入院后进一步救治提供基础。

知识链接

第一目击者

第一目击者是指在现场针对突发伤害、危重病人提供紧急救护的人，包括现场伤病人身边的人（亲属、同事、紧急救援人员、警察、消防员、保安人员、公共场合服务人员等），平时参加救护培训并获取培训相关的证书，在事发现场利用所学的救护知识、技能减少伤害、救助病人。

二、应急救护的基本原则

人们在旅途中会发生疾病，包括交通事故在内的意外伤害及各种突发事件，如地震、水灾、火灾等。所以，民航乘务员在服务工作中面临的不仅仅是日常生活中的危重急症，还有各种意外伤害和突发事件。遇到意外伤害，应遵循以下救护原则。

（一）安全原则

乘务员在观察、评估的基础上，要确保在第一时间对伤病人实施救护，迅速启动救援医疗服务系统，使患者尽快得到专业人员的救治，并以最快的速度将患者送至附近的医疗机构。

（二）急救与呼救并重

呼救求援要及时，尤其遇到成批伤患者时，要充分利用可支配的人力、物力协助救护。急救与呼救要同时进行。

（三）先救命，后治伤

在现场，命与伤的救治过程中，以救命为优先，果断实施救护措施。即在大量伤病人出现时，有的伤病人有危及生命的体征，如呼吸或心跳停止、大出血、开放性气胸等，这类伤病人要首先实施抢救。

（四）先止血，后包扎，再固定

先对伤病人进行止血，尤其是大出血的伤病人，然后进行包扎和固定。

（五）先重后轻，先近后远

遇到危重和较轻伤病人时，优先抢救危重者，后抢救病情较轻的伤病人。伤情相当的，先救助较近的，再救助较远的，不要舍近求远而耽误了抢救时间。

（六）先急救后转运

遇到伤病人，要先救后送。在移送的途中，不要停顿抢救措施，时刻观察伤病人病情变化，使伤病人快速平安到达目的地。

（七）救命治伤和心理救助相结合

由于突发疾病和意外伤害，伤病人往往没有足够的心理准备，可能出现紧张、恐惧、焦虑、忧郁等各种心理反应。此时，民航乘务员应该保持镇静同时进行疏导，这样可以使伤病人产生心理慰藉和信任，以尽量减轻伤病人的身心痛苦。

三、应急救护特点

应急救护也是现场救护，是指在事发的现场，对伤病人实施及时、有效的初步救护。现场救护是立足于现场的抢救。在医院外的环境下，“第一目击者”对伤病人实施有效的初步紧急救护措施，以挽救生命，减轻伤残和痛苦。然后在医疗救护下或运用现场救护服务系统，将伤病人迅速送到就近的医疗机构，继续进行救治。应急救护有以下几个特点。

（一）情况紧急，出乎意料，心理冲击大

由于疾病或伤害事故的发生具有突发性或意外性，现场急救难度出乎人们意料，救护人员思想上无准备，心理冲击大，难以冷静应对。有时伤病人较多，需要同时救护，往往导致现场急救人员不足，需要场外更多的人员参与急救和援助。

（二）急救时间紧迫

危及生命的意外事故或疾病往往发生在短短几分钟或十几分钟之内，现场急救必须在最短的时间内实施。时间就是生命，必须分秒必争，否则可能会产生严重后果。

（三）病情、伤情复杂

意外事故发生时，伤病人种类多，伤情复杂，现场需要具有丰富医学知识和过硬技术的医务人员才能完成急救任务。

（四）现场急救条件有限

现场急救经常缺医少药，急救资源相对缺乏，需要就地取材，寻找代用品，如需自制夹板、担架等。

（五）存在一定的环境风险和人为风险

现场急救环境复杂和状况不稳定，存在二次意外事故发生的风险。

（六）现场急救与医院急救有较大的差异

前者主要在院外救护，徒手为主，就地取材，主要由第一目击者等非医务人员完成，不需要处理伤患的全过程，重点放在现场急救。后者则在医院内救护，有良好的药品、设备，主要由医务人员进行急救，负责治疗伤患全过程。

四、“生命链”

“生命链”是指以现场“第一目击者”开始，专业人员到达后进行抢救，至综合治疗的一系列环节所组成的“链”。危及生命的急症、伤害等发生时，从发病及受伤害开始，到获得有效的医学处理，存在着一系列有规律的步骤，这个抢救序列就是“生命链”。

五、“生命链”的五个环节

“生命链”主要包括立即识别心搏骤停并启动急救系统、尽早进行心肺复苏并着重于胸外按压、快速除颤、有效的高级生命支持及综合的心搏骤停后治疗五个环节（见图 2.1）。“生命链”中的所有环节进行得越及时、充分，急救效果就越好。

图 2.1 “生命链”的五个环节

（一）立即识别心搏骤停并启动急救系统

“第一目击者”发现患者无反应、无呼吸或异常呼吸（仅有叹息样呼吸），可确定为心搏骤停，应立即启动急救系统，进行呼救求援，拨打急救电话。

（二）尽早进行心肺复苏并着重于胸外按压

对心搏骤停患者，在启动急救系统的同时，应立即进行心肺复苏，着重于胸外按压。

如果“第一目击者”未经过心肺复苏培训，则应进行单纯胸外按压的心肺复苏，强调在胸部中央“用力快速按压”；如果经过培训的非专业施救者有能力进行心肺复苏，应按照 30 次胸外按压对应 2 次人工呼吸的比例进行按压和人工呼吸。

（三）快速除颤

给予高质量心肺复苏的同时进行早期除颤是提高心搏骤停患者存活率的关键。当任何施救者目击到院外心搏骤停，且现场有自动体外除颤器 AED（automated external defibrillator），施救者应从胸外按压开始心肺复苏，并尽快使用 AED 除颤。在医院或其他配备有 AED 的现场，医务人员在急救心搏骤停患者中应立即进行心肺复苏，并且尽量使用准备好的 AED。

80%～90% 的心搏骤停是由心室颤动所导致的。如果没有得到及时的除颤，心室颤动在数分钟内即转为心室静止。电除颤是终止心室颤动的有效方法，单纯的心肺复苏术一般不能终止心室颤动和恢复有效血流灌注。早期电击除颤是决定心搏骤停患者能否存活的关键，电击除颤每延迟 1 分钟，心搏骤停患者的存活率就会下降 7%～10%。

如果有便携式自动体外除颤器（AED）（见图 2.2）或人工除颤器在现场，而条件又允许的话，对突发心搏骤停的旅客应立刻实施心肺复苏术和尽早除颤。

当发生院外心搏骤停时，若周围没有急救人员，且从呼救至急救人员到达现场的时间超过 5 分钟，则应先进行 30∶2 的 5 组心肺复苏（大约 2 分钟），再分析心律实施电除颤。

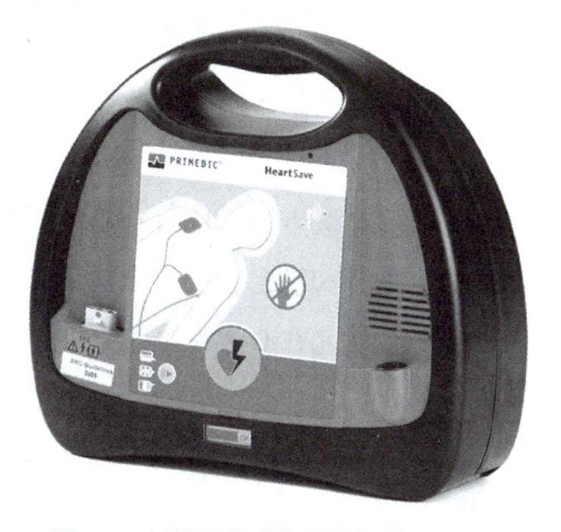

图 2.2　便携式自动体外除颤器（AED）

《国际心肺复苏及心血管急救指南》推荐双相波除颤能量为 120J，双向切角指数波为 150～200J，随后的除颤能量选择可使用第一次的能量或增加能量。单相波除颤能量为 360J。

救护人员需要特别注意粘贴电极的位置，将右侧电极放置于患者右锁骨下区，左侧电极放置于患者左乳头侧腋中线处。电击时要提示在场的所有人员不要接触患者身体，以免触电误伤。

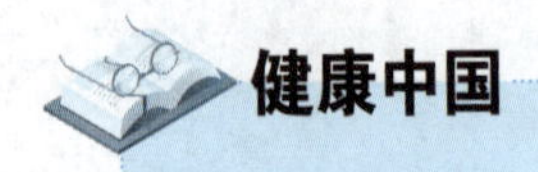

健康中国

AED的普及列入多个城市工作目标

在《健康中国行动（2019—2030年）》中，“急救”出现在多项行动计划之中：在“实施健康知识普及行动”中，提出面向家庭和个人普及紧急救援等维护健康的知识与技能；在“实施心脑血管疾病防治行动”中，提出引导居民学习掌握心肺复苏等自救互救知识技能。与此同时，许多城市已将AED的普及列入工作目标，“AED救人”的新闻也越来越多地出现在人们的视野之中。

知识链接

为什么要进行电除颤

造成心搏骤停的关键原因是心房的晃动，因此针对该类患者采用除颤医治，电除颤是停止心室颤动，是包含无脉性室速治疗最有效的方式，以便修复病人的心脏泵血作用，恢复病人的自主心跳。开展电除颤医治后，徒手心肺复苏的通过率将获得巨大提升。除颤医治后，病人恢复自主心跳，依然需要采取有效措施，避免心室颤动的发作，维持平稳的心脏泵血作用。

（四）有效的高级生命支持

有效的高级生命支持由专业救援者（医护人员）实施，目标是尽快恢复心搏骤停患者的自主循环和稳定患者生命体征，防止心脏再停搏。对于心搏骤停患者，有效的高级生命支持是建立在心搏骤停的立即识别、启动急救系统、早期心肺复苏和快速除颤基础上的。

（五）综合的心搏骤停后治疗

综合的心搏骤停后治疗是“生命链”的最后一环，其本质上属于高级生命支持的重要组成部分，与上一环节密切衔接，应尽早实施。日益增多的证据表明，加强综合的心搏骤停后治疗能提高患者的存活率和有助于患者神经系统的恢复。

“生命链”的前三个环节属于基础生命支持流程BLS（basic life support），是心搏骤停患者能否抢救成功的关键环节。“生命链”的后两个环节由专业医护人员实施，属于高级生命支持流程。专业医护人员的知识、技能和设备水平也决定了心搏骤停患者的存活率。

六、救护人员的基本职责

（1）迅速观察现场安全情况，以确保伤病者、急救人员及周围人员的安全，不可贸然进入危险环境。

（2）救护人员在安全情况下肩负救护责任。

（3）迅速评估整体情况，尽早求救，拨打求助电话。

（4）迅速分辨出伤病旅客的伤病程度。

（5）决定急救的先后次序，利用掌握的急救知识和技能提供适当的现场急救。

（6）遇到群体伤病情况，先到达的救护人员应全面关注并指挥对所有伤病旅客的处理，切勿只顾救助某一伤病旅客而忽视对其他伤病旅客的早期救护。

（7）救护人员在现场陪伴及安慰伤员，直至交给医护人员，并协助轻伤员自行就医。

（8）尽量搜集伤员的生命体征、事发经过、伤势及处理方法等资料。

第二节 把握救命的黄金时间

一、“救命的黄金时间”的概念

在发病或事故的现场，如飞机上、机场、家庭、道路、工作场所及其他医院外的各种环境中，几分钟、十几分钟，是抢救危重伤病旅客最重要的时刻，医学上称为“救命的黄金时间”。在此时间内，抢救及时、正确，生命有可能被挽救；反之，则生命丧失或病情加重。现场及时、正确救护，为医院救治创造条件，能最大限度地挽救伤病旅客的生命并减轻伤残。

二、救命的黄金时间

人体通过呼吸将氧气送到血液，血液经过循环到达全身各处，从而维持人的生命。由于人体内没有氧气储备，当缺氧时，组织与细胞将产生代偿反应，其中脑组织极其敏感。随着心搏骤停，人的身体会出现一系列状况。

（1）3~5 秒，头晕和黑朦。

（2）5~10 秒，晕厥。

（3）15 秒左右，伴有全身性抽搐。

（4）10～20 秒，意识丧失。

（5）30～60 秒，瞳孔散大，1～2 分钟后瞳孔固定，随之各种深浅反射消失。

（6）60 秒，自主呼吸逐渐停止。

（7）1～2 分钟，大小便失禁。

（8）3 分钟，开始出现脑水肿。

（9）6 分钟，开始出现脑细胞死亡。

（10）8 分钟，开始进入脑死亡、植物状态。

（11）10 分钟，发生不可恢复的伤害。

研究表明，心肺复苏的成功率与开始进行心肺复苏的时间密切相关。心搏骤停后，如果在 1 分钟内对患者实施心肺复苏，复苏的成功率大于 90%；4 分钟内实施，成功率约为 60%；6 分钟内实施，成功率约为 40%；8 分钟内实施，成功率约为 20%；10 分钟内实施，成功率几乎为 0。即每延长 1 分钟，存活率就下降 10%。通常，人们把 4 分钟定为救命的黄金时间，即黄金急救 4 分钟。

当人体的呼吸、心跳终止时，心脏、脑部及器官组织均将因缺乏氧气供应而渐趋坏死，表现为患者的嘴唇、指甲、面部的肤色逐渐变为深紫色，瞳孔扩大，血压、体温慢慢降低，生命体征逐渐消失。

在 4 分钟内肺和血液中含有的氧气还可维持供应，所以在 4 分钟内迅速急救，做好心肺复苏，可使脑细胞不受损伤，机体完全复原的可能性极大；4～6 分钟内则因情况不同，脑细胞有损伤的可能；6 分钟以上就一定会有不同程度的损伤；而延迟 10 分钟后再施救时，则脑细胞肯定会因缺氧而导致死亡。

知识链接

脑细胞死亡

脑细胞是不可再生的，一旦发生死亡是不可逆的，如果出现部分脑细胞死亡，就会导致它所支配的神经区域功能完全丧失，比如由于急性脑梗死引起脑组织缺血、缺氧性坏死，引起各种偏瘫、失语、口角歪斜甚至意识障碍等症状。一般需要急诊进行溶栓或支架取栓的治疗，使血管再通，以挽救缺血核心区周围的缺血半暗带区域。因为缺血核心区的细胞已经完全死亡，不可挽救，但周围的缺血半暗带区域细胞，只是功能的电位发生改变，而细胞还处于可以挽救的状态，这是溶栓和支架取栓血管，再行治疗的基础，一旦神经细胞坏死，将是不可逆的。

三、救护的三个阶段

对意外伤害、急症、灾害等突发事件现场的伤病旅客实施救护，一般可分为三个阶段。

（一）现场急救

尽快成立临时现场急救小组，进行统一的组织和指挥，使混乱的现场井然有序，缩短伤病旅客等待抢救的时间。按照现场急救的基本原则，运用先进的手段迅速、全方位地进行急救，提高救护的成功率。

（二）后送伤病旅客

对伤病旅客的伤情进行及时检测与分类，一般分为危重伤、重伤、轻伤和死亡四类。处置与后送的次序为：危重伤第一优先，重伤第二优先，轻伤第三优先，死亡为后。在后送途中，不可中断对危重伤病旅客的观察和抢救。

1. 危重伤

危重伤需立即急救，并在专人护送，严密观察其病情变化下，迅速送往医院救治。

危重伤伤情范围包括：窒息、昏迷、休克、大出血，头部、颈部、胸部、腹部的严重损伤，脏器伤及大面积烧伤、溺水、触电、中毒等。

2. 重伤

重伤是指伤情暂不危及生命，可在现场处理后，在专人观察下送往医院救治。

一般头部、胸部、颈部、腹部损伤及两处以上肢体骨折、肢体断离、大出血、骨盆骨折，均为重伤员。有过昏迷、窒息的伤员为重伤员。大面积烧伤、软组织伤，肢体严重挤压后肿胀均为重伤员。

3. 轻伤

轻伤是指伤情较轻，能行走。或仅有一处骨折或软组织挫伤的伤员，经门诊或者手术处理即可回家休养而不要转送医院。

如：皮肤割裂伤、擦挫伤、烧伤或烫伤面积不大，关节脱位或一处肢体、肋骨骨折。

4. 死亡

死亡是指呼吸、心跳停止，各种反射均消失，瞳孔固定散大。

（三）医院救护

将危重伤病旅客尽快送到相应的医院救治，尤其是特殊伤的伤病旅客，可送往相应的专科医院进一步救治。

四、救护人员应具备的素质

要确保现场急救的成功，急救人员必须具有一定的素质。

（一）有施救意识

在灾难、事故中面对生命垂危的伤者，实施救护的意识是人性的基点，这是一种救命精神，是每个人应具备的品质。

（二）有爱心

每个人都有需要别人帮助的时候，而人的生死往往只在一瞬间，你的救助可能为伤病旅客日后的治疗赢得宝贵时间，甚至给其第二次生命。

（三）保持冷静

在危急情况发生时，一定要保持冷静。良好的心理素质是挽救生命的决定因素之一，是安全避险的重要保证。

（四）掌握急救技能

有救命精神和爱心，且镇定、冷静，但没有掌握急救技能，有时会延误救护，甚至会眼睁睁地看着鲜活的生命逝去。掌握急救技能是急救人员的核心素质。

（五）遵守道德

在任何伤病发生时，救护人员的行为应符合正确的急救操作方法，不能自作主张。在实施急救措施前一般应征得意识清醒伤病旅客或监护人员的同意。救护人员应基于人道主义的立场，遵从宗教、礼仪道德；不求回报，不存私心，平等地对待每一位伤病者；应具有高度负责的精神，保护伤病者的隐私，处处为伤病者着想；救护人员只需尽自己能力处理伤者，就算伤者不能保存生命，救护人员也无须自责，更不应受到责备。

（六）做好自我防护

救护人员常处在意外伤害、突发事件的复杂现场中，可能会面临中毒、触电、烧伤和疾病传染等危险。救护人员应特别小心处理伤者的血液和体液，以免乙型肝炎或艾滋病病毒等从皮肤的伤口进入体内。救护人员要预防自己受到伤害和侵袭，保护自己以救助他人，同时减少对伤病者的侵扰，使其免遭二次伤害。

健康中国

应在全社会普及急救知识教育

我国猝死人数、意外伤害死亡人数均呈现上升趋势。但是由于急救知识普及率低，发生意外时容易失去“救命的黄金时间”。急救知识和相关技能应该纳入初、高中以及大学新生的入学培训或生命与健康教育课程，包括外伤处置办法、心肺复苏实施要点以及火灾、水灾、地震的逃生方法等。建立常态化教育机制，针对学生不同年级不同阶段的需求，编写应急救护知识培训教案并在全国推广运用。

经典案例

2021年1月5日下午，在山东泰安十中一堂音乐课上，上演了一场惊心动魄的急救。一名小男孩在课堂中不小心误吞了一个圆珠笔配件，导致喉咙被卡，无法呼吸。正在上课的音乐老师及时发现了异常，立即对他采取了“海姆立克急救法”，迅速帮孩子脱离了危险。这一过程正好被教室的摄像头拍了下来，老师的“教科书式急救”走红网络。

山东泰安第十中学副校长、音乐教师孙磊就是在课堂上救人的当事教师，他对中国之声《新闻有观点》回忆了当时的情形：1月5日下午，六年级音乐课上，一名小男孩剧烈咳嗽起来，开始他也以为只是普通的咳嗽，但很快就发现了异常。正在上课的孙老师冲下了讲台，从背后抱住了这名小男孩，用拳头在上腹部猛压，男孩吐出一个圆珠笔小零件，身体恢复了正常。

孙老师说，整个过程不超过20秒。孙老师这一套快、准、稳的操作，被监控录像拍了下来，视频走红网络让孙老师获得一片点赞的同时，也有很多网友吓出了一身冷汗，评论说：“好险啊，幸亏遇到了懂急救的老师，再晚一点就可能要了命了。”

事后孙老师表示：学校每年都会邀请专业的医护人员进行健康知识、急救知识培训。因此他掌握了“海姆立克急救法”，救了这位同学一命。孙老师说，他在成功实施急救之后也立刻对学生进行了教育，防止异物卡喉。孙老师也表达了在学生中推广急救知识培训的必要，“让每一个学生每一个孩子从小就掌握这种知识，长大了以后，他走到社会之后，看到这样的紧急情况，就不会惊慌失措，如果用比较规范的方法去救治，就能够避免很多伤害的发生。”

问题：

1. 谈谈学习急救知识的重要性。

2. 山东泰安第十中学哪些做法值得我们学习？

思考练习

1. 应急救护的原则是什么？

2. 应急救护有什么特点？

3. 黄金的救命时间是什么？

4. 救护的三个阶段是什么？

实训任务书

某机场突然出现旅客倒地，需启动“生命链”的五个环节，请快速、准确地口述启动“生命链”的五个环节的过程。

要求

1. 设裁判员 7 名，其中教师 1 名、学生 6 名。

2. 实训同学采取抽签形式决定先后顺序。

3. 裁判员依据“生命链”的五个环节，让学生快速准确地说出启动“生命链”的五个环节的过程。

4. 时间为 5 分钟，时间结束则停止操作。

实训考核

学生完成实训后应如实填写实训报告，报告主要内容如下：实训目的；实训内容；本人承担的实训任务及完成情况；实训小结；实训评估（由教师完成）。

第三部分
生命体征的判断

生命体征包括意识、呼吸、脉搏、瞳孔、血压、体温，其中呼吸、脉搏、血压、体温在医学上称为四大生命体征。它们是维持机体正常活动的支柱，缺一不可，不论哪项异常都会导致严重或致命的疾病，同时某些疾病也可导致生命体征的变化或恶化。

第一节　意识的判断

意识是指人对周围环境和自身状态的认知和觉察能力，是大脑高级神经中枢功能活动的综合表现。意识正常者，一般能感觉到刺痛，听到他人的呼喊等。

一、意识障碍

根据意识障碍程度，临床上表现为嗜睡、昏睡和昏迷。

（1）嗜睡是意识障碍早期表现，唤醒后定向力基本完整，能配合检查，常见于颅内压增高的病人。

（2）昏睡处于较深睡眠，一定程度的疼痛或言语刺激方可唤醒，模糊地做答，立即熟睡。

（3）昏迷是意识水平严重下降，是一种睡眠样状态，患者对刺激无意识反应，不能被唤醒。

二、意识的判断方法

（1）判断意识的方法：轻拍重喊，如图 3.1 所示。轻拍患者的肩部，近患者耳边大声呼唤："听见我的声音请回答""你叫什么名字"。如果伤患者可以说话、睁眼，肢体可以活动，则表示患者有意识。如对这些刺激均无反应，则可断定患者意识丧失。

（2）判断婴儿意识，在大声呼唤的同时，可以拍打其足跟，以判断其反应。可以轻轻捏掐婴儿上臂，不宜拍打婴儿肩部，以防造成损伤。

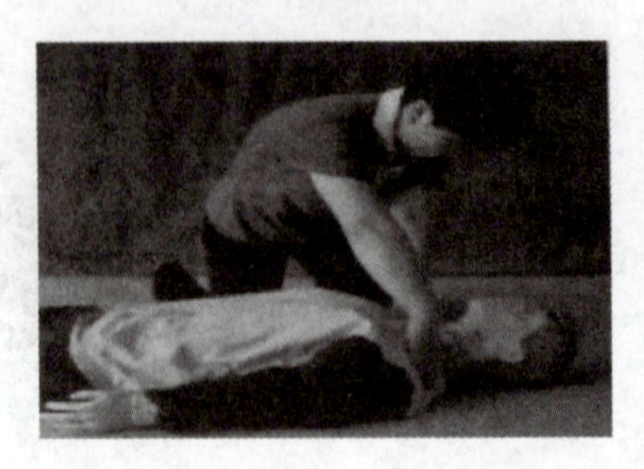
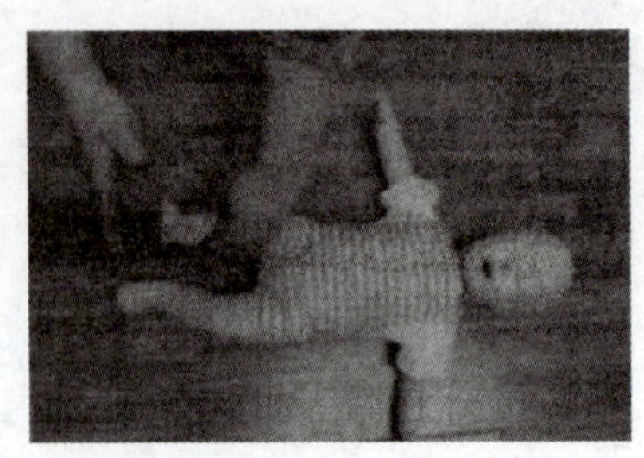

图 3.1　意识的判断方法

第二节　呼吸的判断

呼吸是人体内外环境之间进行气体交换的必需过程，人体通过吸气而吸进氧气、呼气而呼出二氧化碳，从而维持正常的生理功能。

一、呼吸的正常值

（1）正常成年人：每一分钟的呼吸次数是 16～20 次，而呼吸与脉搏的比例为 1∶4，也就是说呼吸一次，人体的脉搏需要跳动四次。

（2）儿童：由于儿童比成年人的活力大，所以一般情况下儿童要比成年人呼吸快，达到 20～30 次 / 分。

（3）新生儿：一般来说，新生儿从母体中分娩出来之后开始呼吸，也就意味着新生命的开始，由于新生儿是以腹式呼吸，所以一般情况下新生儿的呼吸频率为 35～45 次 / 分，也可以观察腹部来判断呼吸的次数。

二、常见的异常呼吸

（一）呼吸频率的改变

（1）呼吸增快（大于 20 次 / 分）：正常人见于情绪激动、运动、进食、气温增高。异常者见于高热、肺炎、哮喘、心力衰竭、贫血等。

（2）呼吸减慢（小于 12 次 / 分）：见于颅内压增高，颅内肿瘤，麻醉剂、镇静剂使用过量，胸膜炎等。

（二）呼吸深度的改变

深而大的呼吸为严重的代谢性酸中毒、糖尿病酮症酸中毒、尿毒症时的酸中毒；呼吸浅见于药物使用过量、肺气肿、电解质紊乱等。

知识链接

酸中毒

酸中毒是指由于人体的血液中存在有酸性物质，而且体内的组织中也有酸性物质，当血液和组织中的酸性物质同时堆积于体内过多时，就会使血液中的氢离子浓度随之升高，而血液中的pH值相应地就会下降，从而就造成了人体的酸中毒。

引起酸中毒的原因之一是代谢性酸中毒。主要是因为吃了过多的酸性食物，或者是在代谢的过程中产生了较多的酸性物质，但大部分的酸中毒都是因为摄入过多酸性物质而导致的，如果本身就是酸性的体质，加上摄入或代谢酸性物质同时增多，肾脏不能及时排出酸性物质时，就会引起代谢性酸中毒。

引起酸中毒的原因之二是呼吸性酸中毒。主要是因为呼气出现了问题，二氧化碳通过呼吸道才能排出体外，如果身体上有一些疾病的发生，可能会导致呼吸道排出二氧化碳时出现障碍，使二氧化碳积聚在体内，从而导致了呼吸性酸中毒。呼吸性酸中毒进展较快，只有迅速调整好呼吸，才能改善呼吸性酸中毒的情况。

（三）呼吸节律的改变

（1）潮式呼吸：见于重症脑缺氧、缺血，严重心脏病，尿毒症晚期等病人。

（2）点头样呼吸：见于濒死状态。

（3）间停呼吸：见于脑炎、脑膜炎、颅内压增高、干性胸膜炎、胸膜恶性肿瘤、肋骨骨折、剧烈疼痛时。

（4）叹气样呼吸：见于神经症、精神紧张或患忧郁症的病人。

知识链接

潮式呼吸

潮式呼吸的特点是呼吸逐步减弱以至停止和呼吸逐渐增强两者交替出现，周而复始，呼吸呈潮水涨落样。

三、呼吸的计数法

观察患者胸部或腹部的起伏（一起一伏为1次呼吸），如图3.2所示，一般情况下测

30 秒，将所测数值乘以 2 即为呼吸频率。如患者呼吸不规则或婴幼儿应测 1 分钟。

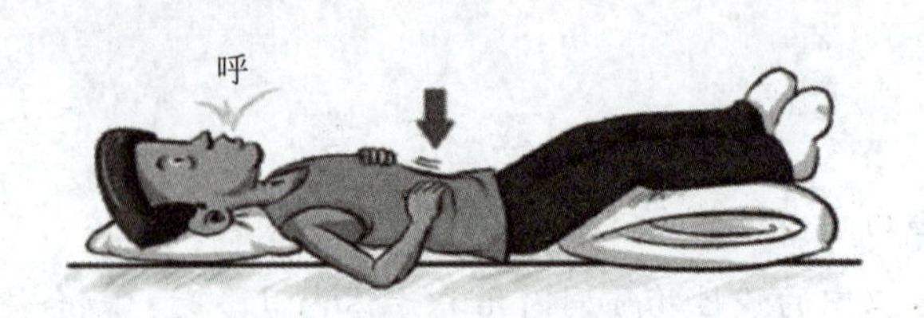

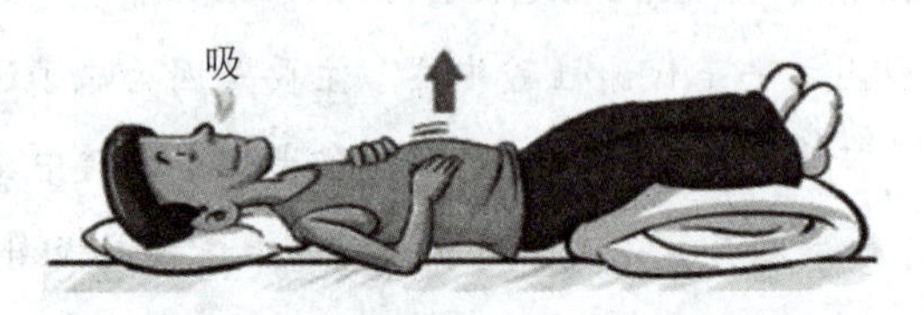

图 3.2　呼吸的计数

如患者呼吸微弱不易观察时，可用少许棉花置于患者鼻孔前，观察棉花纤维被吹动的次数，计时 1 分钟。男性多为腹式呼吸，女性多为胸式呼吸。

知识链接

腹式呼吸和胸式呼吸

腹式呼吸和胸式呼吸都属于呼吸运动的方式，腹式呼吸就是通过膈肌和腹肌的收缩和舒张运动，使腹腔压力和容积的变化传导给胸腔，从而影响肺扩张的呼吸运动方式。胸式呼吸主要是通过肋间肌的舒张和收缩使胸廓起伏，改变胸腔内的压力和容积，从而影响肺的扩张的呼吸运动方式。腹式呼吸运动相对胸式呼吸运动幅度更深，可以大大提高肺的通气功能，但大多数人在平静状态下多以胸式呼吸为主，当剧烈运动之后则以腹式呼吸运动为主。在某些病理的状态下可以仅仅出现胸式呼吸或者腹式呼吸，因此两种呼吸运动方式可以单独存在，也可以同时存在，还可以交替进行，具体与人的身体状态有关。

四、呼吸测量时应该注意的问题

呼吸的快慢和精神是否紧张有很大的关系，所以在测量呼吸前，应该让病人安静，也不要和病人谈话，使病人呼吸自然。

测量时，要注意呼吸的深浅、节律和有没有呼吸困难。呼吸增快多发生在肺部、心脏有疾病或高热病人的身上。药物中毒，呼吸可能减慢。如呼吸困难或有鼾声，便是危险的信号。要是出现双吸气、点头呼吸、鼻翼扇动，以及呼气时胸廓不但不鼓反而下陷的现象，都表明病情严重，要赶快请医生诊治。

正常呼吸的次数是随年龄而改变的，概括地说，年龄越小则呼吸越快。

第三节　脉搏的判断

脉搏为人体表可触摸到的动脉搏动。人体循环系统由心脏、血管、血液所组成，负责人体氧气、二氧化碳、养分及废物的运送。血液经由心脏的左心室收缩而挤压流入主动脉，随即传递到全身动脉。动脉为富有弹性的结缔组织与肌肉所形成管路。当大量血液进入动脉将使动脉压力变大而使管径扩张，在体表较浅处动脉即可感受到此扩张，即所谓的脉搏。

一、脉搏的正常值

检查脉搏通常用两侧桡动脉。正常脉搏次数与心跳次数一致，节律均匀，间隔相等。白天由于进行各种活动，血液循环加快，因此脉搏快些，夜间活动少，脉搏慢些。正常成人为每分钟 60～100 次，常为每分钟 70～80 次，平均约每分钟 72 次。老年人较慢，为每分钟 55～60 次。脉搏的频率受年龄和性别的影响，胎儿每分钟 110～160 次，婴儿每分钟 120～140 次，幼儿每分钟 90～100 次，学龄期儿童每分钟 80～90 次。

知识链接

桡　动　脉

桡动脉在上肢前臂的外侧，在肘窝这个地方，从肱动脉分出，下段仅被皮肤和筋膜遮盖，是临床上触摸脉搏的常用部位，也是做动脉造影、穿刺插管的常用部位。桡动脉在这个前臂外侧，就是大拇指这一侧，如图 3.3 所示。

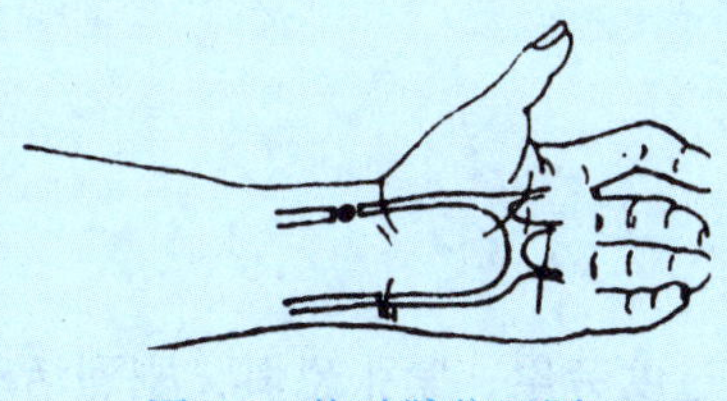

图 3.3　桡动脉位置图

二、常见的异常脉搏

（1）脉搏增快（≥ 100 次 / 分）:生理情况有情绪激动，紧张，剧烈体力活动（如跑步、爬山、爬楼梯、扛重物等)，气候炎热，饭后，酒后等。病理情况有发热、贫血、心力衰竭、心律失常、休克、甲状腺功能亢进等。

(2)脉搏减慢(≤60 次 / 分)：颅内压增高、阻塞性黄疸、甲状腺功能减退等。

(3)脉搏消失(即不能触到脉搏)：多见于重度休克、多发性大动脉炎、闭塞性脉管炎、重度昏迷等。

三、脉搏的计数法

(1)直接测法：最常选用桡动脉搏动处。先让病人安静休息 5~10 分钟，手平放在适当位置，坐卧均可。检查者将右手食指、中指、无名指并齐按在病人手腕段的桡动脉处，压力大小以能感到清楚的动脉搏动为宜，数 30 秒的脉搏数再乘以 2 即得 1 分钟脉搏次数，如图 3.4 所示。在桡动脉不便测脉搏时也可采用以下动脉。

颈动脉——位于气管与胸锁乳突肌之间。

肱动脉——位于臂内侧肱二头肌内侧沟处。

股动脉——大腿上端，腹股沟中点稍下方的一个强大的搏动点。

(2)间接测法：用脉搏描记器测量。脉搏描记器是生理记录仪的一种。用于测定心跳次数和强度。使用时，把它戴在被测试的手腕部，脉搏跳动的次数和强度就会在仪器上自动显示并记录下来，如图 3.5 所示。

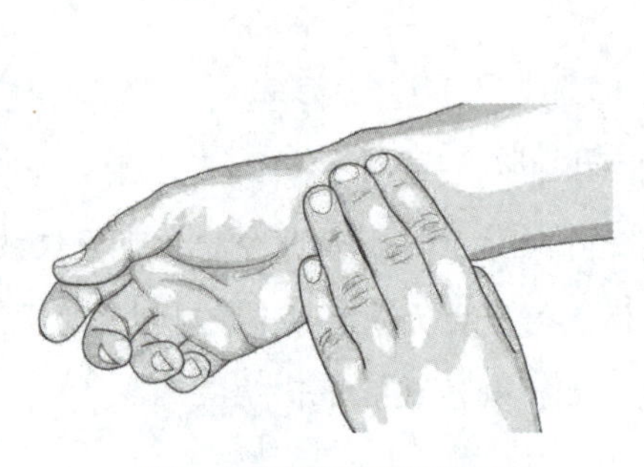

图 3.4　脉搏的直接测量

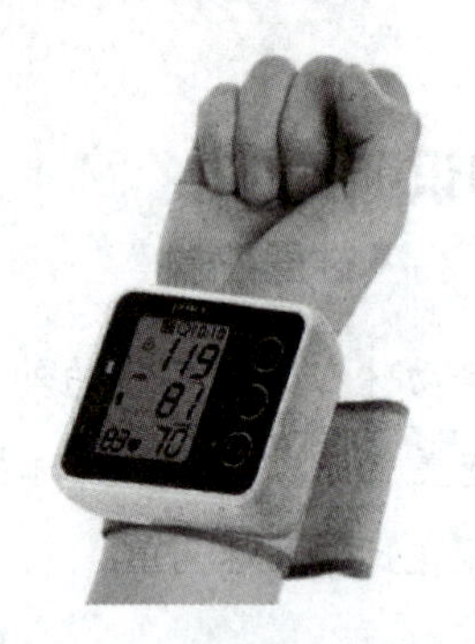

图 3.5　脉搏的间接测量

四、脉搏测量时应该注意的问题

测量前患者应安静，避免过度劳累、紧张恐惧，剧烈活动后应该休息 30 分钟后再测。

用食指、中指、无名指测量，一般不用大拇指测量，因为大拇指本身的小动脉搏动有可能会影响测量。

一般病人测 30 秒，将所测脉搏数乘以 2，即为每分钟脉搏次数。而对心脏病患者应测 1 分钟。

第四节　瞳孔的判断

瞳孔也就是人们常说的黑眼珠，是人眼睛内虹膜中心的小圆孔，为光线进入眼睛的通道。虹膜上瞳孔括约肌的收缩可以使瞳孔缩小，瞳孔开大肌的收缩使瞳孔散大，通过瞳孔的开大与缩小控制进入瞳孔的光量。

一、瞳孔的正常值

瞳孔的直径正常值是2.5～5.0毫米，瞳孔两侧对称，对光线刺激反应灵敏，当手电筒光线照射时，双侧瞳孔立即缩小，光源移开后瞳孔迅速恢复原状（见图3.6）。

图3.6　瞳孔正常大小

二、常见的异常瞳孔

（1）两侧瞳孔缩小（见图3.7）：常见于药物中毒（有机磷农药、镇静安眠药、毒草等）及药物不良反应（毛果云香碱、吗啡等），导致发生瞳孔缩小现象。

（2）两侧瞳孔散大（见图3.8和图3.9）：常见于颅脑外伤、颅内压增高、药物影响（阿托品、颠茄等药物不良反应、中毒），濒死状态。

（3）两侧瞳孔不等大（见图3.10）：这种现象常提示有颅内疾病，如脑外伤、脑肿瘤及中风等疾病。

图3.7　两侧瞳孔缩小

图3.8　单侧瞳孔散大

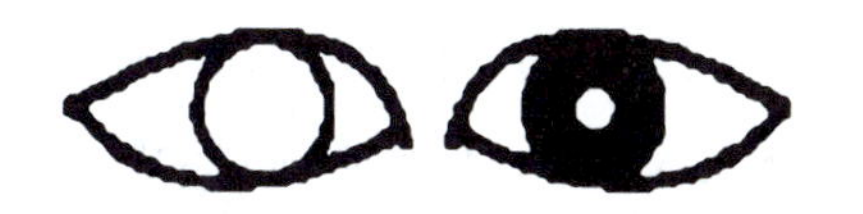

图3.9　单侧瞳孔异常散大

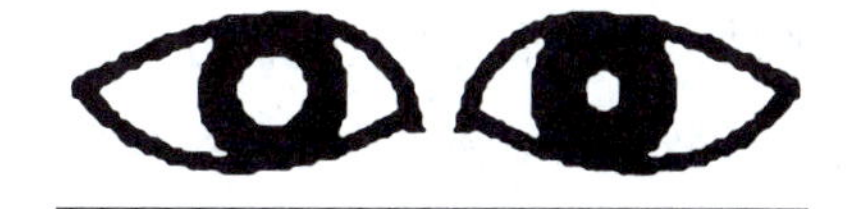

图3.10　两侧瞳孔不等大

三、瞳孔的观察法

观察瞳孔时，可用拇指和食指分开上下眼睑，露出眼球，仔细观察瞳孔的大小、形状、两侧是否对称，然后用手电筒来检查瞳孔对光线刺激的反应。正常人的瞳孔对光线刺激反应灵敏，当手电筒光线照射时，双侧瞳孔立即缩小，光源移开后瞳孔迅速恢复原状。若用手掌隔开两眼，用手电筒光线照射一侧瞳孔时，另一侧瞳孔也会立即缩小。

四、瞳孔观察时应该注意的问题

观察时将手电筒光线从侧面迅速移向瞳孔并立即移开瞳孔，避免光照强度不一、反应不准确。

知识链接

瞳孔的秘密

美国芝加哥大学的心理学教授埃克哈特曾做过一项实验。实验时，他随机给男女参与者看一些照片，然后观察他们瞳孔的变化。他发现：女性看到怀抱孩子的母亲的照片时，瞳孔平均扩大了25%；而男性看到女性的照片时，瞳孔平均扩大了20%。实验结果还表明，人类瞳孔的大小不仅会随周围环境的明暗发生变化，还受对目标关心和感兴趣程度的影响。

就像通常所说的“眼睛比嘴巴会说话”一样，人的心理活动全都显露在眼睛中。如果仔细观察瞳孔的变化，可以得知对方的心理状态。对方看上去心不在焉地在听，可他黑眼珠深处的瞳孔却在渐渐扩大，由此可以断定他满不在乎的神情下掩饰的是对该话题的强烈关注。

第五节　血压的判断

血压是指血液在血管内流动时作用于单位面积血管壁的侧压力，它是推动血液在血管内流动的动力。在不同血管内被分别称为动脉血压、毛细血管压和静脉血压，通常所说的血压是指体循环的动脉血压。心室收缩，血液从心室流入动脉，此时血液对动脉的压力最高，称为收缩压，也叫高压。心室舒张，动脉血管弹性回缩，血液仍慢慢继续向前流动，但血压下降，此时的压力称为舒张压，也叫低压。

一、血压的正常值

血压是以毫米汞柱（mmHg）或者千帕（kPa）为单位，成年人的正常血压为收缩压≥90mmHg 且 <140mmHg，舒张压≥ 60mmHg 且 <90mmHg。通常情况下，同龄男性的血压

略高于女性的血压。

二、常见的异常血压

（一）血压升高

收缩压≥ 140mmHg 和（或）舒张压≥ 90mmHg 称为血压升高。短暂的血压升高常见于剧烈疼痛、情绪激动、身处寒冷环境、缺氧等；持久的血压升高见于原发性高血压、肾脏疾病等。

（二）血压降低

收缩压 <90mmHg，舒张压 <60mmHg 称为血压降低。常见于休克、心功能不全、心肌梗死等。

三、血压的测量法

血压用血压计测量，血压计有汞柱式、弹簧式和电子血压计，如图 3.11～图 3.13 所示，常用的较为准确的是汞柱式血压计，航班上配备的是电子血压计。常用的测量部位为上肢的肱动脉处。血压的测量步骤如下：

（1）须在安静状态测量，活动后或情绪激动要安静休息 5 分钟后再测。

（2）取坐位或卧位露出一臂，上臂与心脏位于同一水平。

（3）缠绕袖带手掌朝上，将袖带标志上的箭头对准上臂动脉。

（4）在肘部以上 2～3 厘米处缠上袖带，大概两个手指的位置。

（5）袖带与手臂之间要留有一个手指的空隙，打开电源按测量键测量。

（6）测量结束，显示结果做好记录。

图 3.11　汞柱式血压计

图 3.12　弹簧式血压计

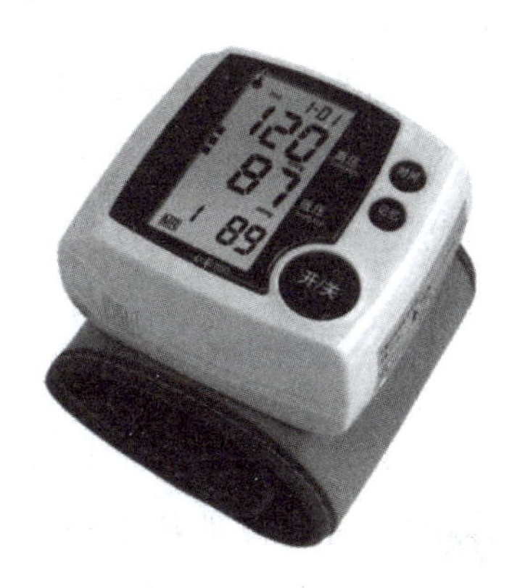

图 3.13　电子血压计

四、血压测量时应该注意的问题

（1）血压计要定期检测和校对，以保持准确性。

（2）测血压尽量定体位、定部位、定时间、定血压计。

（3）测量前30分钟内无剧烈运动、吸烟、情绪变化等影响血压的因素，情绪稳定，袖口不宜过紧。

第六节　体温的判断

人体内部的温度称体温。保持恒定的体温，是保证新陈代谢和生命活动正常进行的必要条件。体温是物质代谢转化为热能的产物。

一、体温的正常值

正常体温不是一个具体的温度点，而是一个温度范围。机体深部的体温较为恒定和均匀，称深部体温；而体表的温度受多种因素影响，变化和差异较大，称表层温度。临床上所指的体温是指平均深部温度。一般以口腔、直肠和腋窝的体温为代表，其中直肠体温最接近深部体温。正常值：口腔舌下温度为36.3～37.2℃，直肠温度为36.5～37.7℃，比口腔温度高（0.2～0.5℃），腋下温度为36.0～37.0℃。

二、常见的异常体温

（1）体温升高：37.3～38.0℃为低热，38.1～39.0℃为中等度热，39.1～41.0℃为高热，41.0℃以上为超高热。体温升高多见于肺结核、细菌性痢疾、支气管肺炎、脑炎、疟疾、甲状腺功能亢进、中暑、流感以及外伤感染等。

（2）体温降低：常见于休克、大出血、慢性消耗性疾病、年老体弱、甲状腺功能低下、重度营养不良、在低温环境中暴露过久等。

三、体温的测量法

常用的体温测量工具有水银式体温计、电子体温计和红外线体温计，如图3.14～图3.16所示。测量方法常见的有口测法、腋测法和肛测法。

（1）口测法：先用75%酒精消毒体温表，放在舌下，紧闭口唇，放置5分钟后拿出来读数，正常值为36.3～37.2℃。此法禁用于神志不清病人和婴幼儿。嘱托病人不能用牙咬体温计，只能上下唇啜紧，不能讲话，防止咬断体温计和脱出。

（2）腋测法：此法不易发生交叉感染，是测量体温最常用的方法。擦干腋窝汗液，将体温表的水银端放于腑窝顶部，用上臂把体温表夹紧，嘱托病人不能乱动，10 分钟后读数，正常值为 36.0～37.0℃。

（3）肛测法：多用于昏迷病人或小儿。病人仰卧位，将肛表头部用油类润滑后，慢慢插入肛门，深达肛表的 1/2 为止，放置 5 分钟后读数，正常值为 36.5～37.7℃。

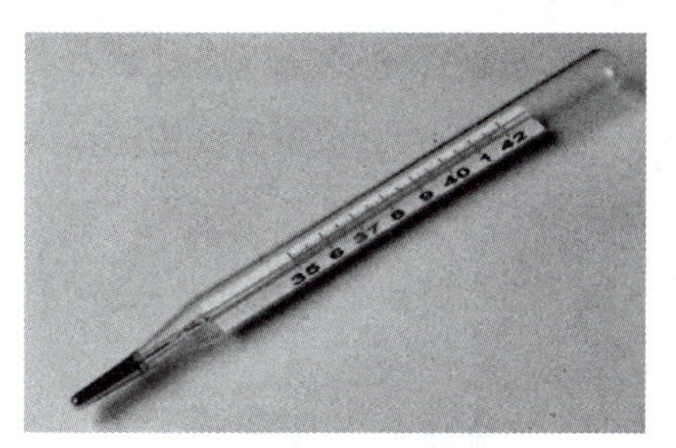

图 3.14　水银式体温计

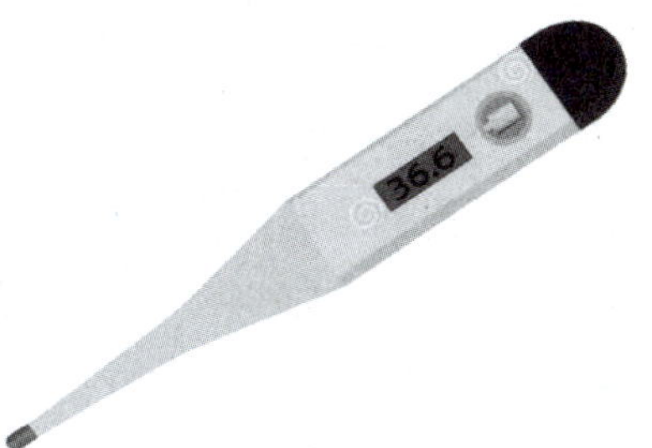

图 3.15　电子体温计

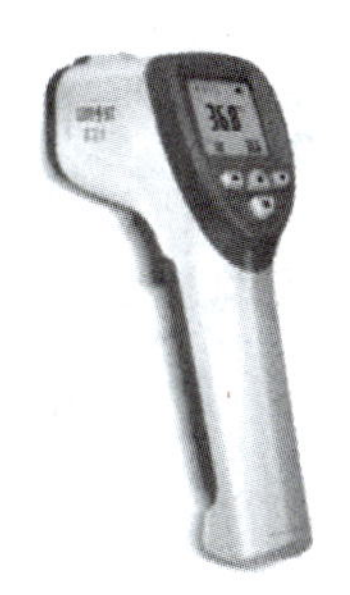

图 3.16　红外线体温计

四、体温测量时应该注意的问题

（1）患有外耳炎、中耳炎等耳部疾病的人请勿使用耳温计。

（2）当被测人来自与环境温度差异较大的地方，应至少在测量环境内停留 5 分钟以上，待与环境温度一致后再测量。

（3）不能在风扇、空调的出入口等气流较大的地方测量。

（4）不能在阳光直射的地方测量。

（5）测量时建议测 3 次左右，每次测量的间隔时间为 3～5 秒，以显示最多的数据为准。

经典案例

厦航宁心乘务长执行 MF8401 航班，飞机上有 200 名旅客，由厦门飞往成都，中途经停长沙。由于长沙大雾天气，航班延误了近四个小时，先后经历了旅客机上等待，用餐后下机到候机楼休息，再登机再等待的过程。在此期间，乘务组始终保持良好的工作热情，用温馨周到的服务安抚着旅客着急回家的迫切心情。

飞机到达成都刚刚落地，在飞机处在滑行期间、尚未减速之时，乘务长宁心突然听到中舱一阵骚乱。此时，四号乘务员韩方舟报告乘务长说：“48 排 J 坐有一名小朋友失去意识了”。乘务长宁心迅速来到小朋友身边，发现小朋友口吐白沫，两眼上翻，双手不停地抽搐，已经晕厥。

乘务长宁心立即判断其生命体征：小朋友呼吸微弱、心脏跳动不规律。乘务员不停呼唤他，但仍然没有回应。宁心乘务长立即部署分工，3号乘务员蒋丽抓紧时间将情况报告机长，联系成都机场医生，4号乘务员韩方舟负责广播寻找医生。

乘务长宁心一边说，一边用小毛巾垫在孩子牙齿与舌头之间，防止咬破出血，并按住其人中穴。旁边48排C坐一位先生说：“我……我是他的爸爸”。乘务长发现这位先生显得有些惊慌失措，立刻告诉他：“帮我像这样按压他的合谷穴，孩子有没有癫痫史或其他病史？”“没有，就是早晨出来时有点低烧。”宁心乘务长抚摸孩子头部，果然很烫，于是指令5号乘务员李利娜立即去后舱做了冰袋，随后将冰袋放在孩子头部、颈部和腋窝处，进行物理降温。

此时，小朋友依然没有苏醒的迹象。凭借多年的飞行经验和专业素养，宁心乘务长果断指令：“宋一帮我拿氧气瓶，采取高流量吸氧。”乘务长一边照顾小朋友，一边让2号乘务员江伟婷和7号乘务员童丽艳维持客舱秩序，疏散围观旅客，保持原位坐好。

在乘务长的积极救助和乘务员的默契配合下，小朋友逐渐恢复了意识。此时后舱走来一位自称是医生的旅客，他表示该旅客是由于高烧而引起的晕厥、抽搐。虽然小朋友已经苏醒，可手中体温计上显示的40多摄氏度的高温并未让宁心乘务长紧绷的心弦松懈下来。她立刻指令3号乘务员：“让机长联系地面，叫救护车，孩子需要进一步的检查和救助。”

飞机终于停稳，舱门开启后，3号乘务员组织旅客有序下机，7号乘务员将小朋友一家人带到前面头等舱的区域休息，以方便观察、照顾。旅客有条不紊地离开飞机，有不少旅客在经过宁心乘务长时，纷纷竖起了大拇指：“厦航乘务员真的很专业，很敬业！”

救护车到来后，宁心乘务长将小朋友的情况对医生做了详细地说明，才送小朋友离开。随后，又投入了紧张的工作中。一切都忙而有序。

春运期间突发的客舱事件，检验了厦航乘务员的职业素质。危急时刻乘务组临危不乱，利用所学的基本急救知识，配合默契，使旅客转危为安，扎实的专业知识，良好的心理素质，体现了高度的职业技能与专业精神。

问题：

1. 请谈谈乘务长判断生命体征主要看哪几个方面？

2. 请谈谈生命体征的正常范围？

思考练习

1. 意识、呼吸、脉搏、瞳孔、血压、体温的定义是什么?
2. 意识、呼吸、脉搏、瞳孔、血压、体温的正常值是什么?
3. 意识、呼吸、脉搏、瞳孔、血压、体温的异常值是什么?
4. 意识、瞳孔的判断方法是什么?
5. 呼吸、脉搏、血压、体温测量方法是什么?

实训任务书

旅客王某自觉身体不适，请迅速对王某的呼吸、脉搏、血压、体温进行判断或测量。

要求

1. 设裁判员7名，其中教师1名、学生6名。

2. 实训同学采取抽签形式决定先后顺序。

3. 裁判员让学生根据“生命体征测量评分标准”（见表3.1）快速准确地说出测量结果。

4. 时间为5分钟，时间结束则停止操作。

表3.1　生命体征测量评分标准

项目	操作内容	标准分值	扣分原因	扣分
评估 15分	1. 询问、了解病人的身体状况，注意有无剧烈活动、进食、吃冷饮或热饮、淋浴、关节伤，评估腋下皮肤、上臂皮肤、腕部皮肤。	10	少一项扣1分	
	2. 告诉病人测量体温、脉搏、呼吸、血压的目的，取得病人配合。	3	不解释不得分 解释不到位扣1~2分	
	3. 评估病人，选择适合的体温测量方法及血压测量部位。	2	一项不合格扣1分	
准备 10分	1. 准备：衣帽鞋整洁、修剪指甲、头发整洁。	2	一项不合格扣1分	
	2. 用物准备：体温计、血压计、听诊器、弯盘、纱布、记录单、笔、有秒针的表。	2	少一项扣0.5分	
	3. 检查血压计、体温计、听诊器。	6	漏查一项扣一分 方法不正确一项扣一分	

续表

项目	操作内容	标准分值	扣分原因	扣分
流程及注意事项70分	1. 核对病人； 2. 解开衣领，干纱布擦干对侧腋窝； 3. 将体温计水银端放置腋窝深处，紧贴皮肤； 4. 协助病人曲臂过胸； 5. 告知需10分钟，以取得配合。	10	未核对扣2分 手臂位置不合适扣2分 一项不合格扣1分	
	1. 将病人近测手臂置舒适位置腕部伸展； 2. 用食指、中指、无名指的指端按在病人桡动脉表面； 3. 计数脉搏、呼吸（各30秒）； 4. 测试完毕告知病人结果。	10	诊脉执法错误扣3分 测呼吸方法不对扣2分 时间过短扣2分 其他一项不合格扣1分	
	1. 协助病人采取坐位或仰卧位； 2. 保持血压计零点、肱动脉、心脏在同一水平； 3. 驱尽袖带内空气； 4. 平整缠于病人的上臂中部； 5. 松紧以能放入一指为宜； 6. 下缘距肘窝2～3厘米； 7. 打开水银槽开关； 8. 带好听诊器； 9. 将听诊器胸件置于袖带外肱动脉搏动明显处，并固定； 10. 向袖带内充气至动脉波动音消失再使压力升高20～30mmHg； 11. 再以4mmHg/s下降的速度缓慢放气； 12. 体位合适，视线与水银柱平； 13. 测量完毕解开袖带； 14. 驱尽袖带内空气； 15. 拧紧阀门； 16. 整理血压计袖带； 17. 血压计盒盖右倾45度，使水银回流至槽内，关闭水银槽开关； 18. 安置病人舒适体位。	35	未检查袖带松紧和部位各扣2分 未摸动脉搏动扣2分 胸件置袖带内扣2分 体位不正确、视线不平扣2分 其他一项不合格扣1分	
	1. 洗手； 2. 看手表； 3. 取出体温计（约10分钟）； 4. 读表、用纱布擦拭，甩至35℃以下，用含氯消毒剂浸泡消毒（口述）； 5. 告知病人数值并安慰； 6. 洗手； 7. 记录结果。	10	一项不合格扣1～2分	
	1. 处置区域合适，垃圾分类正确； 2. 体温计消毒正确； 3. 洗手记录。	5	一项不合格扣2分	
评价5分	1. 操作熟练，动作一次到位； 2. 回答问题正确。	5	未做到扣2分	

实训考核

学生完成实训后应如实填写实训报告，报告主要内容如下：实训目的；实训内容；本人承担的实训任务及完成情况；实训小结；实训评估（由教师完成）。

第四部分 现场心肺复苏

心肺复苏术简称CPR（cardiopulmonary resuscitation），是针对心跳呼吸骤停的急症危重病人所采取的关键抢救措施，即采用胸外按压形成暂时的人工循环并恢复自主搏动，采用人工呼吸代替自主呼吸，重新恢复自主循环的急救技术。

第一节 心肺复苏的流程

一、心跳呼吸骤停原因及表现

心肺复苏是指针对心脏骤停的伤病旅客而采取的维持伤病旅客的器官存活和恢复生命活动的一系列、规范和有效的急救措施。心肺复苏主要包括两大核心技术，一是人工呼吸，即为肺复苏；二是心脏按压，即为心复苏。

（一）心跳呼吸骤停常见原因

心跳呼吸骤停常见原因为各种意外伤害和严重疾病，如触电、高空坠落、车祸创伤、中毒、溺水、心脏病、中风等。

（二）心跳呼吸骤停症状表现

（1）意识丧失，昏迷。
（2）面色苍白或紫绀。
（3）颈动脉搏动消失，心音消失。
（4）瞳孔散大。
（5）呼吸停止，少数患者可有短暂而缓慢的叹气样或抽气样呼吸，或有短暂抽搐，伴头眼偏斜，随即全身肌肉松弛。

二、心肺复苏操作步骤

（一）检查意识、呼吸和脉搏

1. 检查意识

发现突然意识丧失倒地的旅客时，民航乘务员首先要确定现场环境是否安全，如有危险因素要及时躲避或脱离当前危险环境，否则应尽可能地不移动患者。

民航乘务员可以通过动作或声音刺激判断晕倒旅客有无意识，如可以轻轻拍打旅客的肩部并大声呼叫："先生，先生，你怎么了？"然后，观察患者对拍打和声音是否有动作或语音反应。如旅客对外界的刺激有反应，则可以使其取自动恢复体位；对无反应的旅客则应使其取平卧位，立即实施心肺复苏术。需要注意的是，如果怀疑旅客在摔倒时颈椎受伤，在帮助其翻转时则应使旅客的头颈部和躯干保持在一个轴面上，避免损伤脊髓，造成不可逆的损害。

2. 检查呼吸

暴露旅客的胸腹部，检查其是否有自主呼吸，观察有无胸腹部起伏，观察时间为 5～10 秒。根据传统急救的方法步骤，民航乘务员对患者的检查步骤可以概括为"一看二听三感觉"，即将耳朵靠近患者的口鼻部，听呼吸气流声及感觉患者是否有自主呼吸，判断时间不得超过 10 秒，并应以看为主。

（1）一看：即用眼睛观察患者胸腹部有无起伏运动。

（2）二听：即用耳朵听患者是否有呼吸音。

（3）三感觉：即用面颊感觉患者是否有气流呼出。

目前，临床建议将"一看二听三感觉"精简为"一看"，即检查患者有无胸腹部起伏。心搏骤停早期患者会有叹息样呼吸（濒死呼吸），但其为无效呼吸。当判断飞机上晕倒的旅客无呼吸或仅有叹息样呼吸时，民航乘务员应立即向急救医疗服务体系（emergency medical service system，EMSS）求助，并实施心肺复苏术。

3. 检查脉搏

目前已经有证据表明，救护人员即使花很长时间去检查脉搏也常难以确定其是否存在，故现已不再强调检查脉搏的重要性。民航乘务员一般可以用一只手的食指和中指触摸患者颈动脉感觉有无搏动（搏动触点在甲状软骨旁的胸锁乳突肌沟内），并数 1001、1002、1003、1004、1005 五个数，一般在 5 秒内完成。如果民航乘务员在 10 秒内不能明确地触及脉搏，则应立即开始胸外心脏按压。

（二）立即呼救

1. 客舱呼救

民航乘务员应边抢救边将情况上报机长，由机长广播寻找机上的专业医务人员，并通知有关部门和组织抢救。

2. 现场呼救

确认旅客意识丧失后，应立即广播寻求专业医护人员的帮助，在原地高声呼救：“快来人！救命啊！有会救护的请和我一起来救护”。

（三）救护体位

1. 心肺复苏体位

为了便于更好地采取心肺复苏等急救措施，乘务员应立即将旅客转移到前舱或后舱，并使呼吸、心搏骤停的旅客头面朝上，取用仰卧位，躺在坚硬的平面上，手臂自然放在身体两侧。

2. 救护员体位

救护员在实施心肺复苏术时应根据现场的具体情况选择位于伤病旅客一侧，将两腿自然分开与肩同宽，跪贴于（或立于）伤病旅客的肩部或胸部旁，以利于实施操作。

（四）胸外按压三部曲

当伤者心跳呼吸骤停，必须争分夺秒，采用心肺复苏法进行现场急救。

基本生命支持包括胸外心脏按压、开放气道、人工呼吸、电除颤等基本抢救方法。可以归纳为初级 C、A、B、D，即 C（circulation）胸外按压、A（airway）开放气道、B（breathing）人工呼吸、D（defibrillation）电除颤。

根据美国心脏学会（AHA）《2010 国际心肺复苏（CPR）& 心血管急救（ECC）指南标准》，将既往的操作顺序由 A→B→C 变为 C→A→B，即胸外心脏按压（C）、开放气道（A）、人工呼吸（B）心肺复苏三部曲（见图 4.1）。根据该指南要求，凡判断为无反应或无呼吸（包括无正常呼吸）立即拨打急救电话以便启动急救医疗服务系统。之后，目击者立刻按照 C→A→B 的流程实施救助。

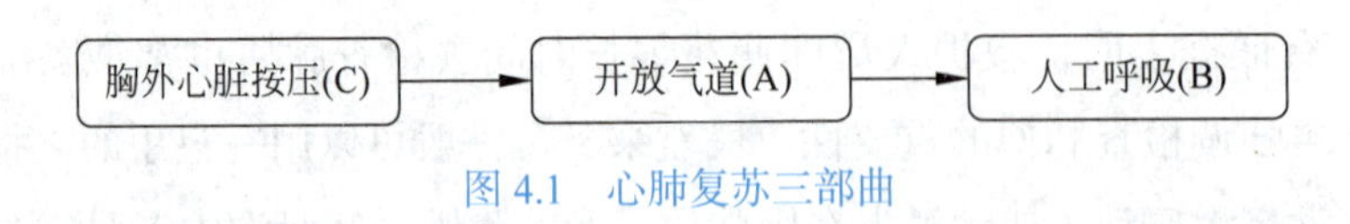

图 4.1　心肺复苏三部曲

现场急救最紧迫的任务是对处于临终状态的伤（病）员进行积极抢救，这在医学上简称现场复苏。现代复苏医学已总结出。

1. 胸外心脏按压（C）

（1）操作时根据患者身体位置的高低，站立或跪在患者身体的任何一侧均可。必要时，应将脚下垫高，以保证按压时两臂伸直、下压力垂直于身体。

（2）按压部位。两乳头连线与胸骨交叉点处，具体方法如下。

① 用触摸颈动脉的食、中指并拢，中指指尖沿患者靠近自己一侧的肋弓下缘，向上滑动至两侧肋弓交汇处定位，即胸骨体与剑突连接处。

② 另一手掌根部放在胸骨中线上，并触到定位的食指。

③ 然后再将定位手的掌根部放在另一手的手背上，使两手掌根重叠。

④ 手掌与手指离开胸壁，手指交叉相扣。

以上定位为标准的定位，但是普通民众对于这些定位很难理解，最简单的定位方法：两乳头连线与胸骨交叉点处，即为心脏按压部位（见图 4.2）。

（3）按压手法。手指交叉相扣，使用掌根按压。

（4）按压姿势。两肩正对患者胸骨上方，两臂伸直，肘关节不得弯曲，肩、肘、腕关节成一垂直轴面；以髋关节为轴，利用上半身的体重及肩、臂部的力量垂直向下按压胸骨（见图 4.3）。

（5）按压深度。一般要求按压深度不小于 5 厘米，约为胸廓厚度的 1/3，可根据患者体型大小等情况灵活掌握，按压时可触到颈动脉搏动效果最为理想。

（6）按压频率，不低于 100 次 / 分钟，并数 01、02、03……，直到 30。

（7）按压 / 通气比，推荐胸外按压与人工呼吸交替进行，推荐使用的按压 / 通气比为 30∶2，每个周期为 5 组 30∶2 的心肺复苏，时间大致为 2 分钟。两名以上的救护人员协同做心肺复苏时，应每隔 2 分钟换人实施胸外按压，以免按压者疲劳，使按压质量和频率降低。轮换时要求动作快，尽量缩短中断按压时间。

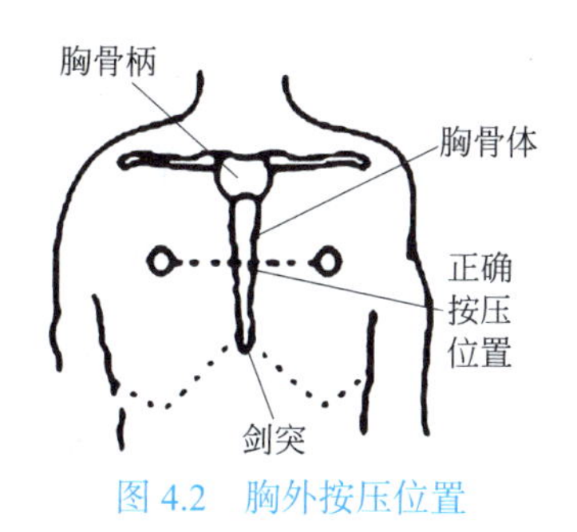

图 4.2 胸外按压位置

图 4.3 胸外按压姿势

注意事项

胸外按压注意事项

（1）确保正确的按压部位，既是保证按压效果的重要条件，又可避免和减少肋骨骨折的发生以及心、肺、肝脏等重要脏器的损伤。

（2）双手重叠，应与胸骨垂直。如果双手交叉放置，则使按压力量不能集中在胸骨上，容易造成肋骨骨折。

（3）按压应稳定、有规律地进行。不要忽快忽慢、忽轻忽重，不要间断，以免影响心排血量。

（4）不要冲击式地猛压猛放，以免造成胸骨、肋骨骨折或重要脏器的损伤。

（5）放松时要完全，使胸部充分回弹扩张，否则会使回心血量减少。但手掌根部不要离开胸壁，以保证按压位置的准确。

（6）下压与放松的时间要相等，以使心脏能够充分排血和充分充盈。

（7）下压用力要垂直向下，身体不要前后晃动。正确的身体姿势既是保证按压效果的条件之一，又可节省体力。

（8）最初做口对口吹气与胸外心脏按压4~5个循环后，检查一次生命体征；以后每隔4~5分钟检查一次生命体征，每次检查时间不得超过10秒。

2. 开放气道（A）

当心搏停止后，全身肌张力下降，包括咽部肌张力，导致舌后坠，造成气道阻塞。如将下颌向前推移，可使舌体离开咽喉部；同时头部后伸可使气道开放。如发现口腔内有异物，如食物，呕吐物，血块脱落的牙齿、泥沙、假牙等，均应尽快清理，否则也可造成气道阻塞。无论选用何种开放气道的方法，均应使耳垂与下颌角的连线与患者仰卧的平面垂直，气道方可开放。在CPR的全过程中，应使气道始终处于开放状态。常用开放气道方法如下（见图4.4）。

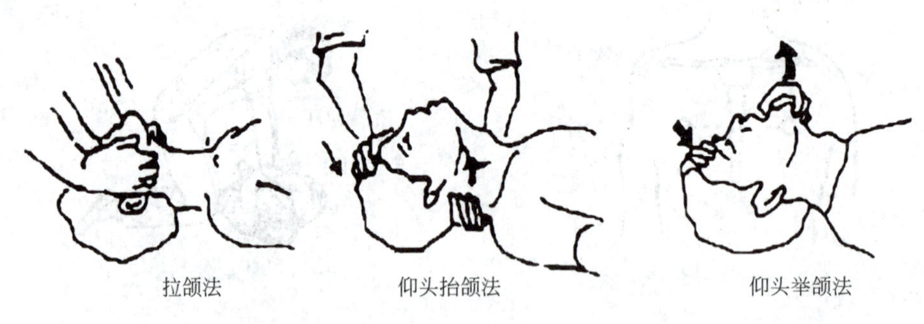

图4.4　开放气道方法

（1）拉颌法。如已发生或怀疑颈椎损伤，选用此法可避免加重颈椎损伤，但不便于口对口吹气。站立或跪在患者头顶端，肘关节支撑在患者仰卧的平面上，两手分别放在患者头部两侧，分别用两手食指、中指固定住患者两侧下颌角，小鱼际固定住两侧颞部，拉起两侧下颌角，使头部后仰，气道即可开放。

（2）仰头抬颌法。站立或跪在患者身体一侧，用一手小鱼际放在患者前额向下压迫；同时另一手拇指与食指、中指分别放在两侧下颌角处向上托起，使头部后仰，气道即可开放。在实际操作中，此法优于其他方法，不仅效果可靠，而且省力，不会造成或加重颈椎损伤，而且便于作口对口吹气。

（3）仰头举颌法。如患者无颈椎损伤，可首选此法。站立或跪在患者身体一侧，用一手小鱼际放在患者前额向下压迫；同时另一手食指、中指并拢，放在颏部的骨性部分向上提起，使得颏部及下颌向上抬起、头部后仰，气道即可开放。

3. 人工呼吸（B）

口对口吹气是一种快捷、有效的人工通气方法，如图 4.5 所示。空气中含氧气 21%，呼出气体中仍含氧气约 16%，可以满足患者的需要。如口腔严重损伤，不能口对口吹气时，可口对鼻吹气。

（1）确定患者无呼吸后，立即深吸气后用自己的嘴严密包绕患者的嘴，同时用食指、中指紧捏患者双侧鼻翼，缓慢向患者肺内吹气两次。

图 4.5　人工呼吸示意图

（2）每次吹气量 700～1 000 毫升（或 10 毫升 / 千克），每次吹气持续 2 秒，吹气时见到患者胸部出现起伏即可。

（3）如果只进行人工通气，通气频率应为 10～12 次 / 分钟。在吹气过程中，要始终观察患者胸部有无起伏。吹气时如无胸部起伏或感觉阻力增加，应考虑气道未开放或气道内存在异物阻塞。

（4）专业人员也可选择其他通气方式，如球囊面罩、气管插管等。

（五）检查心肺复苏效果

连续做五个循环（每个循环按压与吹气比为 30：2）或按压约两分钟后，检查心肺复苏效果，检查方法同第一步。

三、小儿心肺复苏的流程

临床常根据儿童的年龄划分年龄段：出生 1 个月以内为新生儿，出生 1 个月至 1 岁为婴儿，1～8 岁为小儿。而在解剖学特点上，小儿的解剖生理结构与成人相比有较大差异，因此，在进行心肺复苏时需要了解和掌握这些差异特点，并针对不同年龄的患儿采用不同的复苏手法。小儿心肺复苏与成人心肺复苏相比，有其特点。8 岁以上儿童的心肺复苏程序及方法与成人基本相同。

（一）小儿心搏骤停的特点

成人心搏骤停多由突发心脏病等原因所致；小儿心搏骤停则多为呼吸功能障碍或心

血管功能相继恶化的结果，为继发性心搏骤停。小儿心搏骤停时大约有 78% 是心电静息，其次为心动过缓或无脉性电活动，室性心律的发生率小于 10%；而成人心搏骤停多为心室颤动或无脉性室性心动过速。因此，对继发性心搏骤停的患儿，复苏早期更要注重呼吸支持，以改善缺氧。小儿心肺复苏的时间应较成人更长。

（二）小儿救护“生命链”的特点

小儿心肺复苏“生命链”的顺序与成人不同，其顺序依次为：预防心搏骤停、早期有效心肺复苏、快速向急救医疗服务体系求救及早期高级生命支持。

如果只有一位急救人员在现场，对 8 岁以下的患儿应先给予其基本生命支持 1 分钟，之后再向急救医疗服务体系求救，即先急救再求救；8 岁以上患儿的救护方法同成人，即先求救再急救。

（三）小儿心肺复苏的方法

1. 检查意识、判断自主呼吸

对婴幼儿施行心肺复苏时，救护人员可以拍打其足跟部，检查婴幼儿是否有哭泣等反应，如果没有反应，则代表意识丧失。

2. 人工循环

气道开放并提供 2 次有效人工呼吸后，救护人员应检查患儿的脉搏，决定是否实施胸外按压以提供人工循环支持。对 1 岁以上的小儿，救护人员可触颈动脉搏动；婴儿的颈部短而圆胖，故救护人员可触肱动脉或股动脉搏动，需要在 10 秒内做出判断。如果小儿无脉搏，则救护人员应立即实施胸外按压，按压时要向脊柱方向挤压胸骨，使心腔内的血液排入主动脉。

具体方法如下。

（1）双掌按压法。双掌按压法适用于成人和 8 岁以上的儿童。救护人员将手掌重叠置于患儿胸骨中下 1/3 交界处，肘关节伸直，利用肩臂力量垂直向患儿的脊柱方向按压。按压与放松时间相等，按压时手指不触及胸壁，避免压力致使肋骨骨折；放松时手掌不离开患儿的胸骨，以免按压处移位。

（2）单掌按压法。单掌按压法适用于 1~8 岁的小儿，仅用一手掌按压，操作方法同双掌按压法。

（3）平卧位双指按压法。救护人员一只手置于患儿后背，另一只手的食指和中指置于患儿两乳头连线的下方，向脊柱方向按压。

（4）单掌环抱按压法。单掌环抱按压法适用于新生儿和早产儿。救护人员一只手四指置于患儿后背，拇指置于其前胸，具体按压部位同双指按压法。

（5）双手环抱按压法。双手环抱按压法适用于婴儿和新生儿。救护人员用双手围绕患儿的胸部，双拇指并列或重叠于其前胸，按压部位同双指按压法，其余两手手指置于患儿后背，做相对方向按压。

小儿胸外按压的深度以其胸廓厚度的 1/3～1/2 较为适宜，此按压深度可产生相对较高的冠状动脉灌注压。按压频率应为每分钟 100 次。胸外按压必须与人工呼吸交替进行，小儿胸外按压与人工通气之比，单人复苏时同成人，比例为 30∶2，双人复苏时则为 15∶2。

3. 人工通气

救护人员可采用口对口呼吸，先吹气 2 次，每次约 1 秒，时间稍短于成人，潮气量以使小儿胸廓抬起为宜。若吹气时阻力大或胸廓不能抬起，则提示气道阻塞。气道阻塞最常见的原因是气道开放不正确，需重新调整体位，开放气道后再试。如果吹气后仍无胸廓起伏，则应考虑气道内有异物存在。对小婴儿可采用口对口鼻呼吸或者采用面罩 - 球囊通气。

四、心肺复苏有效的表现和终止条件

（一）心肺复苏有效的表现

心肺复苏有效的表现包括面色、口唇由苍白、紫绀变得红润，脉搏搏动、自主呼吸恢复，瞳孔由大变小、瞳孔对光反射恢复，眼球能活动，手脚抽动，呻吟等。

心肺复苏的有效指标如表 4.1 所示。

表 4.1 心肺复苏的有效指标

判断方法	有 效	无 效
面色	转为红润	转为灰白或紫绀
自主呼吸	恢复	无
颈动脉搏动	恢复	无
意识与循环征象	可出现眼球转动、睫毛活动或手脚轻微活动	无任何活动
瞳孔	由大变小	无变化或由小变大

（二）心肺复苏的终止条件

现场的心肺复苏应坚持连续进行，检查呼吸、循环体征应在 5 个心肺复苏周期后进行，检查时间不能超过 10 秒。有以下各项之一者可考虑停止操作。

（1）患者的自主呼吸及脉搏恢复。

（2）有他人或专业急救人员到场接替。

（3）有医生到场确定患者死亡。

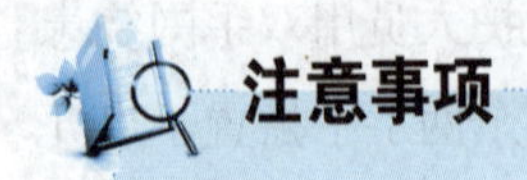

注意事项

心肺复苏

救护人员在现场一定要争分夺秒，按救护原则及步骤实施紧急救护，并注意以下几点。

（1）呼吸骤停时，要检查并排除有气道异物阻塞的情况。

（2）救护时要充满信心，现场救护不要犹豫不决。

（3）对危重者，千万不能只等待专业人员的急救。

（4）不要把时间消耗在反复检查脉搏、呼吸的过程中。

（5）不要做不必要的全身检查。

（6）不要随意搬动伤病旅客，注意保护其脊柱。

（7）在救护过程中要确保现场安全，做好自我保护，关心、体贴伤病旅客。

此外，救护人员应使用心肺复苏模型进行心肺复苏术的训练，严禁在正常人身体上进行练习。

第二节 特殊情况下的心肺复苏

如在特殊的情况下发生心搏骤停、呼吸骤停等各种意外，因为患者伤情的不同，心肺复苏的方法和流程也需要适当进行调整。

一、雷击或电击

（一）雷击或电击致心搏骤停的主要原因

人在遭受雷击或电击时，电流直接作用于心脏、脑、血管平滑肌，以及电能在体内转化为热能产生的热效应，均可造成损伤。电流作用于心肌导致心室颤动和心室静止是雷击或电击致死的首位原因。部分患者呼吸停止，其原因是电流经过头部导致延髓呼吸中枢受到抑制，触电时膈肌和胸壁肌肉强直性抽搐，以及长时间的呼吸肌麻痹。

（二）雷击或电击情况下的心肺复苏方法

（1）急救人员施救前首先确认急救现场安全，自身无受雷击或电击的危险。

（2）若患者无意识、呼吸、脉搏，急救人员应立即开始心肺复苏，并向急救医疗服务体系求救，尽可能早期进行电除颤。若遭受雷击或电击的患者没有心肺基础疾病，则应立即实施心肺复苏术，以提高其存活率，甚至需要超过一般心肺复苏要求的时间。

（3）雷击和电击均可导致复合性外伤，可致头颈部和脊柱损伤，应注意保护和制动。患者燃烧的衣服、鞋、皮带应除去，避免造成进一步损伤。

（4）颌面部和颈前等部位有烧伤的患者可能因出现软组织肿胀而导致呼吸困难，即使存在自主呼吸，也应尽早实施气管插管，建立人工气道。

（5）对发生低血容量性休克和组织广泛损伤的患者，应迅速为其静脉补液，进行抗休克治疗，维持水、电解质平衡，保证基本正常的血容量，以促进组织损伤时产生的肌红蛋白、钾离子等排出体外。

二、创伤

（一）创伤致心搏骤停的主要原因

（1）气道阻塞、严重开放性气胸和支气管损伤或胸腹联合伤等导致缺氧。

（2）心脏、主动脉或肺动脉等重要脏器损伤。

（3）严重头部创伤影响生命中枢。

（4）张力性气胸或心脏压塞导致心排血量急剧下降。

（5）大量血液丢失导致低血容量和氧输送障碍。

（二）创伤性心搏骤停患者的复苏方法

现场实施心肺复苏，对怀疑有颈部损伤者开放气道时应采用托颌法，以免损伤脊髓。如有可能，可安装能够固定患者头颈部的颈托。

评估患者的呼吸状况，如果无呼吸或呼吸浅慢，则应立即进行面罩 - 球囊通气。通气中如未见患者胸廓起伏，则应警惕张力性气胸和血胸。在心肺复苏过程中，应注意检查患者潜在的致命伤，根据情况予以相应的处理。

三、妊娠

（一）孕妇心肺复苏考虑因素

救护人员在为孕妇做心肺复苏的过程中，要尽力抢救母亲和胎儿两条生命，同时要考虑到妊娠期生理改变等因素。例如，正常妊娠时，孕妇的心排血量、血容量增加 50%；妊娠 20 周后，孕妇处于仰卧位时，增大的子宫压迫内脏血管减少血液回流，其心排血量可下降 25%。救护人员在急救时应考虑到这一影响因素。

预防心搏骤停。对危重症孕妇，救护人员应采取以下措施预防心搏骤停：使孕妇取左侧卧位；给予其纯氧吸入；为其建立静脉通路并输液；考虑可能引起孕妇发生心搏骤停的可逆性因素，并积极处理。孕妇可能因妊娠和非妊娠因素而发生心搏骤停，通常包括硫酸镁等药物过量、急性冠脉综合征、羊水栓塞、子痫及先兆子痫、肺栓塞、脑卒中、创伤、主动脉夹层破裂等。

（二）现场复苏的特点

（1）孕妇内激素水平的改变可以促使其胃食管括约肌松弛，增加胃食管反流的发生率。

（2）对无意识的孕妇进行人工通气时应持续压迫环状软骨，以防发生误吸。

（3）为了减少妊娠子宫对静脉回流和心排血量的影响，救护人员可以将一个垫子（如枕头）放在孕妇腹部侧方，使其身体向左侧倾斜 15°～30°。胸外按压可取胸骨中间稍上方。

（4）气管插管时也应按压环状软骨，以防发生误吸。因为孕妇可能存在气道水肿，使用的气管导管内径要较非妊娠妇女使用的小 0.5～1.0 毫米。

（5）一旦孕妇发生心搏骤停，应该考虑是否有必要实施急诊剖宫产手术。妊娠 20 周后子宫达到一定大小可产生阻碍静脉回流的作用，而妊娠 24～25 周后胎儿才有存活的可能。因此，妊娠 20 周以内的孕妇不应该考虑行急诊剖宫产手术，妊娠 20～23 周的孕妇实施急诊剖宫产手术对孕妇心肺复苏有利，但不可能挽救婴儿的生命，妊娠 24～25 周以上实施急诊剖宫产手术对于挽救母亲和胎儿生命均可能有利。急诊剖宫产手术应尽量在孕妇心搏骤停 5 分钟内实施。

经典案例

2019 年 8 月 7 日，南航 CZ6235 武汉—银川航班起飞后不久，机上一名 3 岁左右的小朋友突发不适，航班紧急返航降落武汉机场，争分夺秒为救治小朋友争取时间，由于处置及时，该小朋友已得到有效救治，身体状况基本恢复正常。

8 月 7 日上午 07：01，南航 CZ6235 航班起飞。20 分钟后，当班乘务长杨思思接到后舱乘务员反映：一位儿童旅客突然出现不适。乘务组马上广播寻找医生，所幸湖北省妇幼保健院王姓医生正在该航班上，在她的大力帮助下，安全员与医生一道交替为该儿童实施了心肺复苏。“当时王医生正好坐在小朋友的前一排，听到说小朋友脸色苍白，便立即提供了帮助。”乘务长杨思思回忆说。经过王医生的心肺复苏救助，小朋友逐渐恢复了呼吸。在医生的建议下，航班安全员和医生交替持续为小朋友进行心肺复苏，并提供机上氧气瓶为小旅客供氧。

为确保小朋友生命安全，第一时间得到专业的医疗救助，当班机长决定返航武汉，并呼叫地面救护车辆。为争取时间，乘务长将小朋友、同行家长及医生安排至前舱就座，并安排工作人员全程陪同。机场救护车在8点03分到达停机位，航班于8点09分落地武汉，8点20分该儿童及其同行家长在南航地面工作人员及医护人员的陪同下，登上救护车赶赴医院。

该航班在进行二次准备工作后，于9点22分再次起飞。

南航湖北分公司对该航班上提供医疗救助的医生以及理解此次返航的所有旅客表示了感谢。针对此类空中突发事件，南航有完备的应急处置流程，并对机组人员进行了全面高效的培训。

问题：

1. 南航CZ6235机组对于小朋友的处置是否得当？依据是什么？

2. 成人和儿童心肺复苏有哪些异同点？

思考练习

1. 简述单人徒手心肺复苏流程。
2. 简述心肺复苏有效的表现和终止条件。
3. 简述小儿心肺复苏操作要领。
4. 简述孕妇心肺复苏的特点。

实训任务书

旅客王某在机上突然自觉胸闷不适，自行服用“速效救心丸”无好转，5分钟后王某突发意识丧失，呼之不应，大动脉搏动消失，呼吸微弱，面色、口唇重度紫绀，双瞳孔等大等圆直径3.5毫米，对光反射消失，无抽搐，无大小便失禁。

请根据以上情况立即实施心肺复苏。

要求

1. 设裁判员7名，其中教师1名、学生6名。
2. 实训同学采取抽签形式决定先后顺序。
3. 裁判员对照“急救单人徒手操作成人心肺复苏术考核评分表”进行评分。
4. 进行3个来回操作，时间为3分钟，时间结束则停止操作。

实训考核

学生完成实训后应如实填写实训报告，报告主要内容如下：实训目的；实训内容；本人承担的实训任务及完成情况；实训小结；实训评估（由教师完成）（见表 4.2）。

表 4.2 急救单人徒手操作成人心肺复苏术考核评分表

项目	操作流程和评分细则		分值	扣分	得分
仪表（3 分）	仪表端庄、整洁、大方、得体；自我介绍。		3		
评估（16 分）	1. 判断环境是否安全（口述）。	有无煤气泄漏、高空坠物、高压电线等	2		
	2. 看表记录抢救开始时间。	有看表动作	2		
	3. 判断意识：凑近患者耳旁（双侧）大声呼唤并轻拍双肩；观察患者自主呼吸是否正常。	判断方法正确	4		
	4. 呼救："来人呀！"或"救人呀！"，呼叫他人拨打"120"并嘱咐回来帮忙。	呼救	3		
		指定人打电话，嘱咐回来帮忙	3		
	5. 摆放复苏体位，解开衣服。	体位正确	2		
操作步骤（67 分）	1. 判断循环：以一手中指与食指从颈部前正中线向外滑行，置于气管与胸锁乳突肌之间触摸颈动脉搏动；立即就抬头观察面色、有无咳嗽反射及顺时针巡视四肢有无抽动（口述：病人无心跳，立即进行心肺复苏）。	触摸位置正确	6		
		观察面色及四肢	3		
		口述病人无心跳，立即进行心肺复苏	3		
	2. 胸外心脏按压及口对口人工呼吸：①姿势和定位：跪于病人右侧胸旁，先找到肋弓下缘，沿肋弓下缘向上摸至肋缘与胸骨连接处的切迹，以一手中指、食指放于该切迹上方，将第二只手以掌跟部置于定位指旁，再将第一只手叠放在第二只手上；②操作方法：保持肘关节伸直，按压时以髋关节为支点，双臂垂直利用自身重量向下按压胸骨，放松时要让胸廓完全复原，但手不能离开胸壁。	姿势、用力正确，定位动作正确	5		
		部位：胸骨下切迹上 2 横指	5		
		频率：≥ 100 次 / 分；连续不中断	5		
		深度：≥ 5cm	5		
		按压 / 通气比例：30∶2	5		
		压与放比例：1∶1	5		
		放松充分，并且手不离体	5		
	3. 口对口人工呼吸：用手指深入口腔清除异物；用一只手轻抬其下颌，另一手压前额，使头后仰 90° 保持气道开放位置，给以人工呼吸，捏住其鼻腔，深吸一口气后将嘴唇紧贴着病员嘴唇吹气直至胸廓上升。	清理呼吸道；保持气道通畅各 2 分	4		
		捏鼻翼，深吸一口气，口唇包严无漏气，吹气至胸廓上升（各 1 分）	4		
		吹气后松鼻、离唇，观察胸部情况	4		
		吹气 2 次，每次吹气时间≥ 1 秒	4		
		频率 10～12 次 / 分	4		

续表

项目	操作流程和评分细则		分值	扣分	得分
CPR 结果评判（10 分）	心肺复苏有效指征：自主呼吸恢复（检查并口述），颈动脉有搏动（检查并口述），瞳孔由大变小（检查并口述），唇、面及甲床转红润（检查并口述）。	完成 5 个循环后评估	2		
		检查颈动脉	2		
		检查呼吸	2		
		检查瞳孔和唇、面、指甲	2		
		口述血压值	2		
复原体位（4 分）	复原体位：拉好衣服拉链，口述摆放的体位。	拉好拉链，口述的手法及体位正确	4		
总分			100		

第五部分 现场创伤救护

止血、包扎、固定、搬运是外伤救护的四项基本技术。正确、及时、有效地应用这些技术，往往能挽救患者生命、防止病情恶化、减少伤员痛苦以及预防并发症等。实施现场外伤救护时，其原则是：先重后轻，先急后缓，先止血后包扎，先固定后搬运。

第一节 止　血

出血是各种外伤的主要并发症。当失血量达到总血量20%以上时，可出现明显的症状体征，出现头晕头昏、脉搏增快、血压下降、出冷汗、脉搏细弱等；当出现大出血且失血量达到总血量40%时，就有生命危险；而如果出血速度很快，失血量达到总血量的30%即有可能危及伤员生命。因此，争取时间采取有效止血措施，对减少伤员的死亡率和残废率均具有重要的意义。

一、出血部位的判断

（一）根据出血部位分类

（1）内出血：血液流向体腔或组织间隙。

（2）外出血：血液自创面流出。

（二）根据损伤血管分类

（1）动脉出血：血色鲜红，血液随心脏的收缩而大量涌出，呈喷射状，出血速度快、出血量大。

（2）静脉出血：血色暗红，血液缓慢流出，出血速度较缓慢，出血量逐渐增多。

（3）毛细血管出血：血色鲜红，呈渗出性，可自行凝固止血。若伴有较大的伤口或创面时，不及时处理，也可引起失血性休克。

二、失血的表现

一般情况下，一个成年人失血量在 500 毫升时，没有明显的症状。当失血量在 800 毫升以上时，伤者会出现面色、口唇苍白，出冷汗，手脚冰冷、无力，呼吸急促，脉搏快而微弱等。当出血量达 1 500 毫升以上时，会引起大脑供血不足，伤者出现视物模糊、口渴、头晕、神志不清或焦躁不安，甚至出现昏迷症状。

三、外出血的常用止血方法

（一）指压止血法

用手指、手掌或拳头压迫伤口近心端动脉经过骨骼表面的部位，阻断血液流通，以达到临时止血的目的。具体人体血管分布图见图 5.1。适用于中等或较大动脉的出血，以及较大范围的静脉和毛细血管出血。

常用压迫止血点以下。

（1）头顶部、额部、颞部出血：在伤侧耳前对准下颌关节处，用拇指压迫颞浅动脉。

（2）颜面部出血：颜面部供血来自两侧动脉，对准伤侧下颌角前约 1 厘米凹陷处，用拇指向内向上压迫面动脉。

（3）头面部、颈部出血：用拇指或其余 4 指压迫同侧气管外侧与胸锁乳突肌前缘中点之间的强搏动点，用力向后压向第 6 颈椎横突上。

（4）肩部、腋部出血：用拇指压迫同侧锁骨上窝中部的搏动点，对准第 1 肋骨面，压住锁骨下动脉。

（5）上臂出血：外展上肢 90°，在腋窝中点用拇指将腋动脉压向肱骨头。

（6）前臂出血：抬高患肢，压迫上臂肱二头肌内侧沟中部，向外对准肱骨，压迫肱动脉。

（7）手掌出血：抬高患肢，用两手拇指分别压迫手腕部尺、桡动脉。

（8）下肢出血：用双手拇指重叠用力压迫大腿根部腹股沟中点稍下方，对准强搏动点，压迫股动脉（见图 5.2）。

（9）足部出血：用两手拇指分别压迫足背中部近足腕处的足背动脉和内踝与跟腱之间的胫后动脉（见图 5.3）。

（二）加压包扎止血法

体表及四肢伤时出血，大多可用加压包扎和抬高肢体来达到暂时止血的目的。此方法适用于小动脉和小静脉出血。

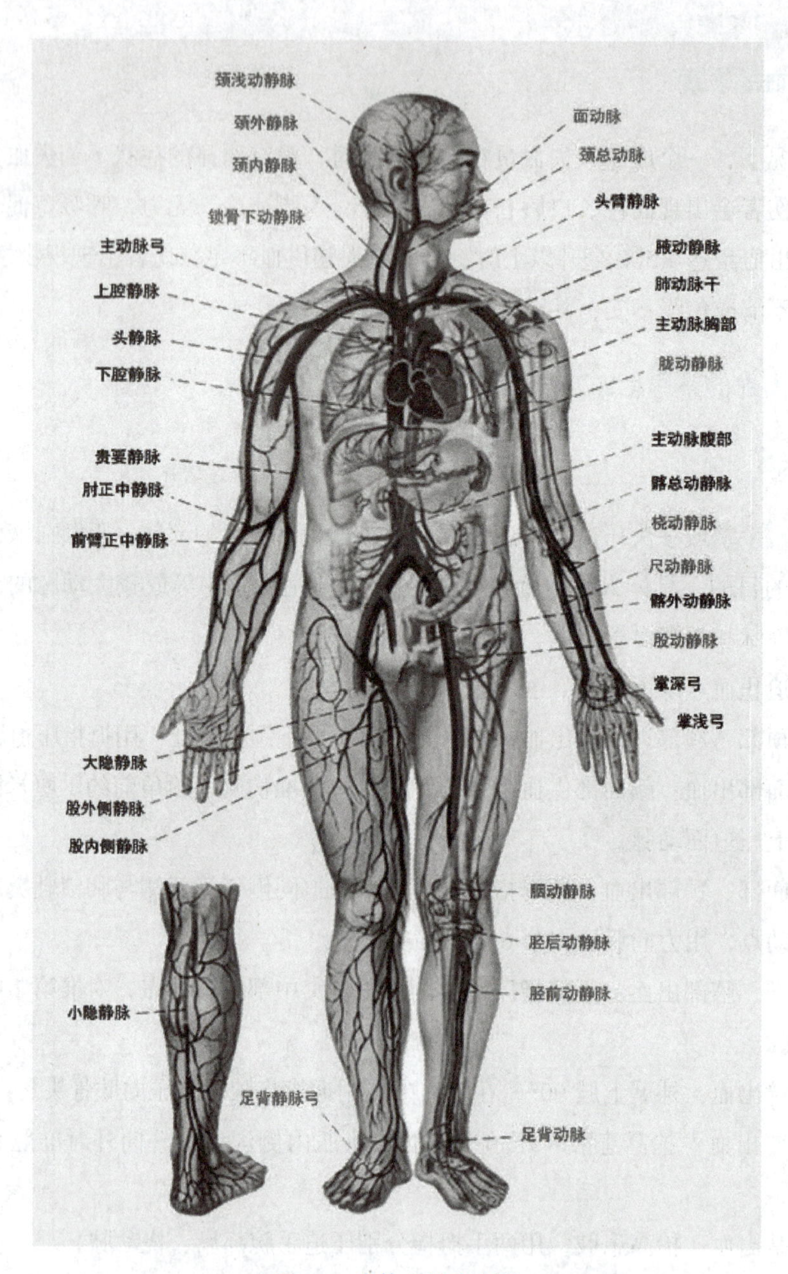

图 5.1　人体血管分布图

图 5.2　下肢出血压迫点

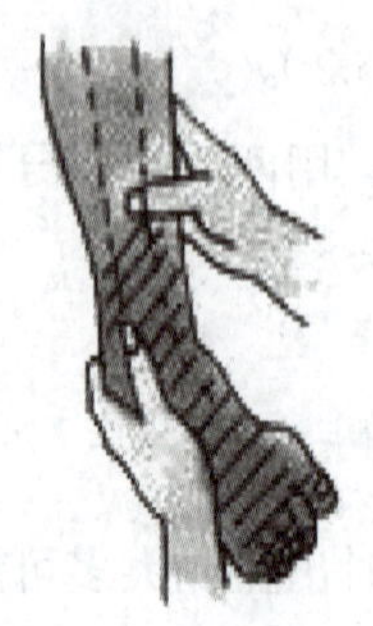
图 5.3　足部出血压迫点

（三）填塞止血法

将无菌敷料填入伤口内压紧，外加敷料加压包扎，应用于腋窝、肩部、大腿根部出血，其后应尽快进行手术彻底止血。

（四）屈曲肢体加垫止血法

多用于肘或膝关节以下的部位出血，在无骨关节损伤时可使用。

（五）止血带止血法

止血带止血法是用于四肢大出血急救时简单、有效的止血方法，它通过压迫血管，阻断血流来达到止血目的。如果使用不当或使用时间过长，止血带就可造成远端肢体缺血、坏死，进而造成残废，为此，只有在出血猛烈，应用其他方法不能止血时才能选择应用止血带。

止血带以橡皮条或橡皮管为好，不宜用布带、电线等无弹性的带子。绑扎位置应在伤口的上方（近心端），并尽量靠近伤口，以上臂的上 1/3 和下肢股中、下 1/3 交界处，小腿和前臂不能上止血带，因该处有两根骨头，血管正好走在两骨之间，上止血带起不到压迫血管的作用。上臂的中 1/3 部位也不能上止血带，因此上止血带可能引起神经损伤而至手臂瘫痪。

选定上止血带的部位后，应先在该处垫好敷料，把止血带拉紧，缠肢体两周打结，松紧要适宜，以观察伤口不出血为宜。上止血带要记好时间，扎止血带时间不超过 3 小时，每 40 ~ 50 分钟放松一次，每次放松 1 ~ 3 分钟，然后再绑起来，再绑时部位要上、下略加移动。对大出血病人，应在上止血带的同时，尽快送医院治疗。具体止血带止血步骤如下（见图 5.4）。

（1）将三角巾叠成带状，约 5 厘米宽。

（2）上肢出血，在上臂的上 1/3 处垫好敷料。

（3）折叠好的三角巾在敷料上加压绕肢体一圈，两端向前拉紧，打一个活结。

（4）将一绞棒（如铅笔、筷子、竹棒等）插入活结的外圈内，提起绞棒旋转绞紧至伤口停止出血为宜。

（5）棒的另一端插入活结内固定。

（6）在明显的部位注明结扎止血带的时间。

（7）全程人文关怀。

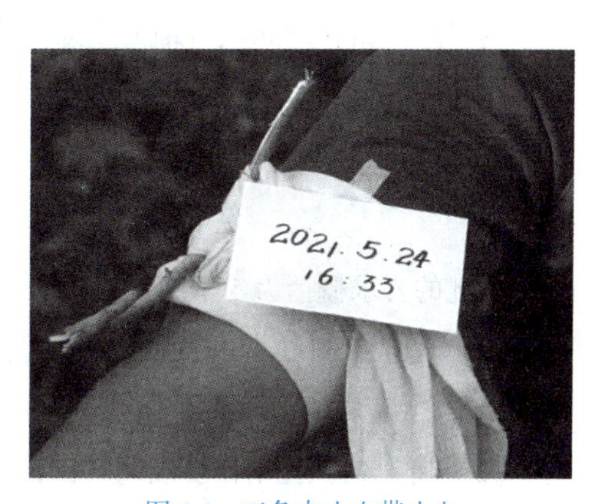

图 5.4 三角巾止血带止血

注意事项

止　血

（1）上止血带时，皮肤与止血带之间不能直接接触，应加垫敷料、布垫或将止血带上在衣裤外面，以免损伤皮肤。

（2）上止血带要松紧适宜，以能止住血为宜。扎松了不能止血，扎得过紧容易损伤皮肤、神经、组织，进而引起肢体坏死。

（3）上止血带时间过长，容易引起肢体坏死。因此，止血带上好后，要记录上止血带的时间，并每隔40～50分钟放松一次，每次放松1～3分钟。为防止止血带放松后大量出血，放松期间应在伤口处加压止血。

（4）运送伤者时，上止血带处要有明显标志，不要用衣物等遮盖伤口，以免妨碍观察，并用标签注明上止血带的时间和放松止血带的时间。

第二节　包　扎

一、概述

（一）包扎目的

包扎是外伤现场应急处理的重要措施之一。及时、正确地包扎有重要的作用。

（1）包扎可以起到局部加压止血的效果，尤其对于活动性出血的伤口，包扎时稍带张力，可达到较好的止血的效果。

（2）包扎可避免外界的细菌侵袭伤口，防止造成伤口感染进行性加重。

（3）伤口包扎后给伤口创造一个干燥、无菌的环境，更有利于伤口内肉芽组织增生，促进伤口早日愈合。

（二）包扎要求

包扎的要求概括为5个字：快、准、轻、牢、细。

（1）“快”：对伤者的急救要迅速敏捷，即发现受伤处后，暴露伤口、检查伤情、包扎伤口都要快。

（2）“准”：包扎动作要准确严密，不要遗漏伤口。

（3）“轻”：包扎动作要轻，不要碰压伤口，以免增加伤者的疼痛和出血。

（4）“牢”：包扎牢靠、松紧适宜。不能过紧，以免妨碍血液流通；也不可过松，以防包扎布等脱落或移动。对需要压迫止血的部位要包扎牢固，包扎打结时要避开伤口和不宜压迫的部位。

（5）“细”：包扎和处理伤口要仔细。

（三）包扎材料

三角巾、绷带、四头带、多头带，紧急条件下，干净的毛巾、头巾、手帕、衣服等可作为临时的包扎材料。

二、三角巾包扎

三角巾包扎适用于对较大创面、固定夹板、手臂悬吊等包扎，一般家庭没有三角巾，但其在急救时用途较广，应该配备。三角巾制作也很简单，用一米见方的布，从对角线剪开即可。

（一）使用形式

可将三角巾折成不同形状使用，见图 5.5。

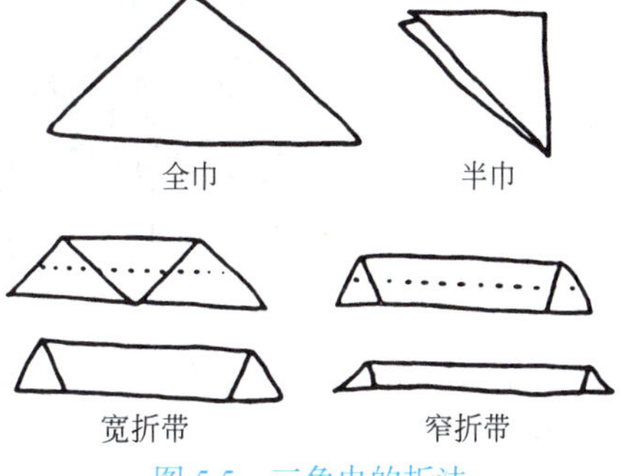

图 5.5　三角巾的折法

（二）使用时注意事项

（1）包扎后，使用平结法打结。

（2）不可在颈后、锁骨上面打结。

（3）悬挂手臂应使其肘关节略弯曲向上，手腕不可下垂。

（三）基本三角巾包扎法

（1）头部包扎法：将三角巾底边向上翻折两指宽，盖住头部，在眉上、耳上，把两底角和顶角包括系带在枕后交叉，回额中央打结，如图 5.6 所示。

口诀：眉上枕下耳不扎，底角两手分开拿，枕后正确来交叉，回头固定额前结。

（2）额头包扎法（使用窄折带）：用于额头外伤，如图 5.7 所示。

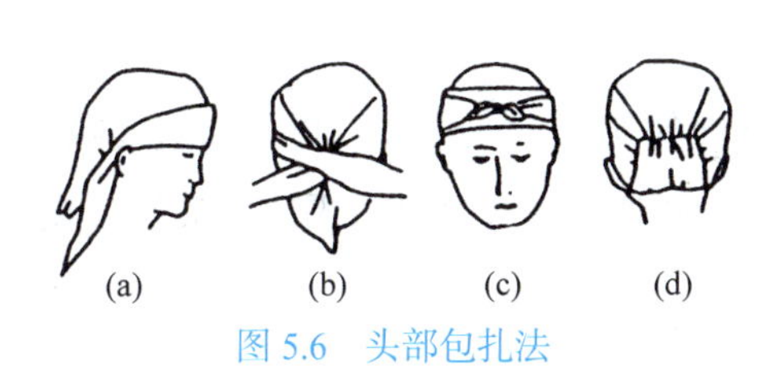

图 5.6　头部包扎法

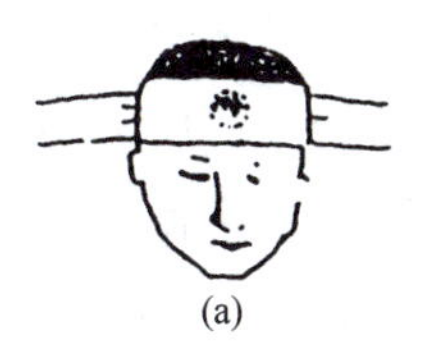

图 5.7　额头包扎法

（3）颔部及耳部包扎法（使用窄折带）：用于颔部或耳部外伤，将三角巾折成三指宽带，留出系带一端从颈后包住下颌部，与另一端颊侧面交叉反折，转回颌下，从耳后伸向头顶部打结固定，如图 5.8 所示。

（4）胸部或背部包扎法（使用全巾）：用于胸部或背部外伤，将三角巾顶角对准肩缝，盖住伤部，底边上翻，把两底角回绕在背后，与顶角系带打结固定，如图 5.9 所示。

口诀：顶角对准伤肩缝（患侧），底边围胸背后结，顶角系带要结牢。

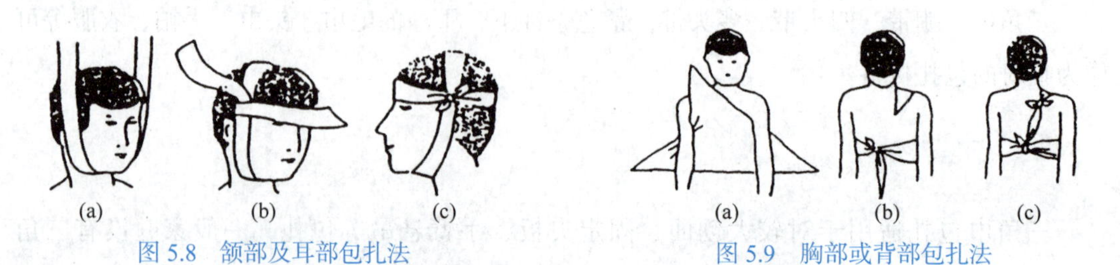

图 5.8　颔部及耳部包扎法　　图 5.9　胸部或背部包扎法

（5）托臂包扎法（使用全巾）：用于臂部外伤，如右手臂受伤则以三角巾包扎，三角巾等腰顶点需能绑着托住手肘，手臂需略高于水平面，如图 5.10 所示。

图 5.10　托臂包扎法

（6）手掌包扎法（使用窄折带）：用于手掌部外伤，如图 5.11 所示。

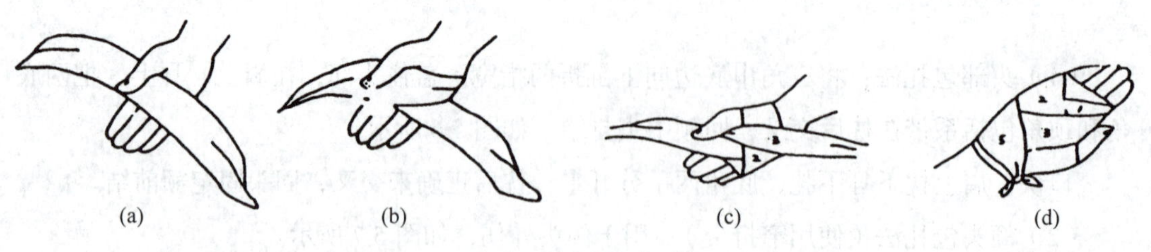

图 5.11　手掌包扎法

（7）全手掌包扎法（使用全巾）：用于手掌部外伤，将三角巾一折二，手放在中间，中指对准顶角，把顶角上翻盖住手背，折出手形，两角在手背交叉，围绕腕关节，在手背上打结，如图 5.12 所示。

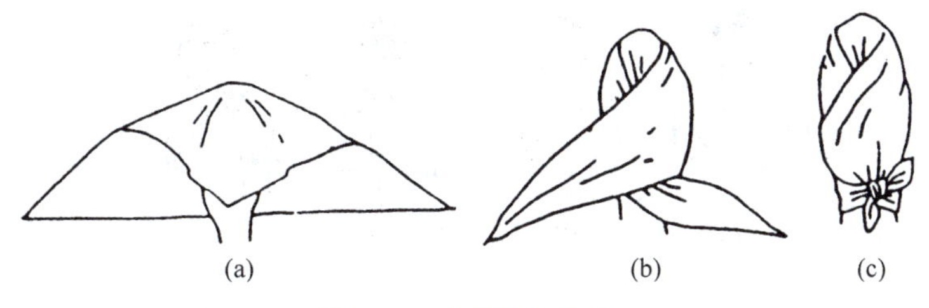
(a) (b) (c)

图 5.12 全手掌包扎法

（8）手掌部压迫包扎法（使用宽折带）：用于手掌部外伤并需压迫止血时包扎，如图 5.13 所示。

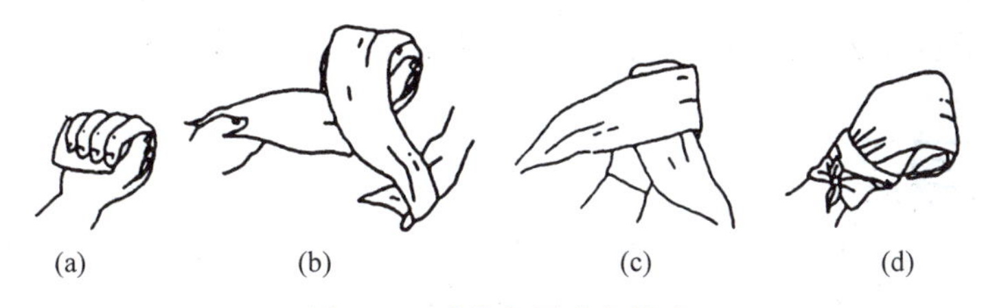
(a) (b) (c) (d)

图 5.13 手掌部压迫包扎法

（9）肘及膝部包扎法（使用宽折带）：用于肘及膝部外伤，将三角巾折成四指宽，盖住关节，在膝（肘）窝处交叉后，两端返绕膝（肘）关节，在外侧打结。

肘部包扎法如图 5.14 所示。

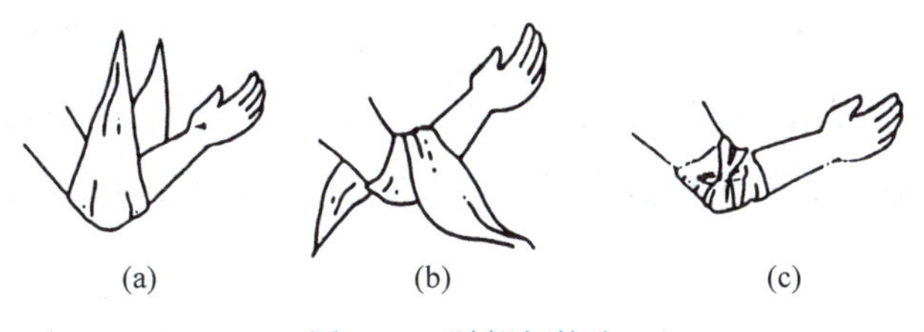
(a) (b) (c)

图 5.14 肘部包扎法

膝部包扎法如图 5.15 所示。

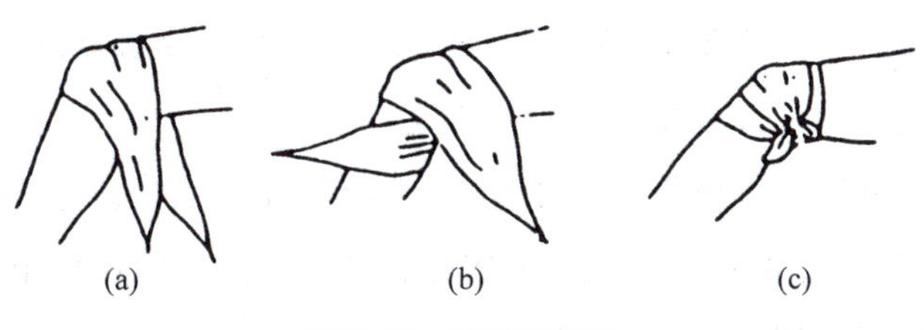
(a) (b) (c)

图 5.15 膝部包扎法

（10）肩部及上臂部包扎法（使用全巾、窄折带各一）：用于肩部及上臂部外伤，如图 5.16 所示。

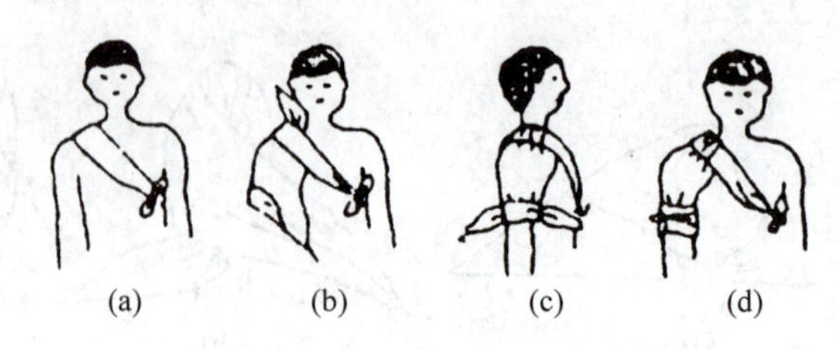

图 5.16　肩部及上臂部包扎法

（11）臀部包扎法（使用全巾、窄折带各一）：用于臀部外伤，将三角巾顶角盖住臀部，顶角系带在裤带底处并围绕，下侧底角上翻至对侧腰部和另一底角在健侧髂骨上打结固定，如图 5.17 所示。

（12）足关节包扎法（使用窄折带）：用于足部外伤，如图 5.18 所示。

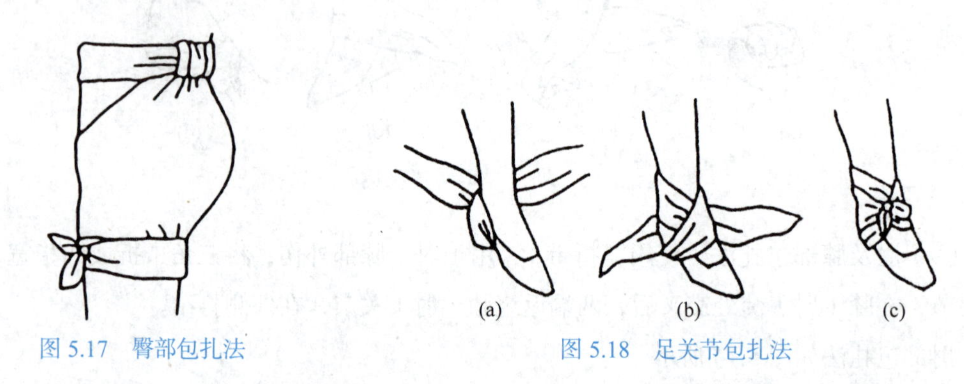

图 5.17　臀部包扎法　　图 5.18　足关节包扎法

（13）单眼包扎法：将三角巾折成三指宽的带形，以上 1/3 盖住伤眼，2/3 从耳下端反折绕脑至健侧，在健侧眼上方前额处反折至健侧耳下再反折，转向伤侧耳上打结固定。

（14）双眼包扎法：将三角巾折成三指宽带形，从枕后部拉向双眼在鼻梁上交叉，绕向枕下部打结固定。

（15）双肩包扎法：把三角巾底边放两肩上，两侧底角向前下方绕腋下至背部打结，顶角系带翻向胸前，在两侧肩前假扣扎紧固定。

口诀：底边平肩放整齐，底角绕腋背打结，顶角系带翻胸前，两侧胸前假扣打结。

（16）双胸包扎法：将三角巾一底角对准肩部，顶角系带围腰在对侧底边中央打结，上翻另一底角盖住胸部，在背后 V 字形打结固定。

口诀：折成等大燕尾巾，顶角系带底边结，燕尾系带背后拉，套住系带结牢。

（17）腹部包扎法：腹部伤口处先用碗罩住，然后将三角巾从顶角到底边中点（稍偏左或偏右）打折，折成燕尾式，前面一尾比另一尾稍大，然后燕尾朝下，把三角巾贴在腹部；折成燕尾，在底边形成的一角与顶角在腰部打结；再将大燕尾从两腿中间向后拉紧，绕过大腿与小燕尾在大腿外侧打结。

（18）双臀包扎法：将两条三角巾的顶角打结，放在双臀缝的稍上方，然后把上面两底角由背后绕到腹前打结，下面二底角分别从大腿内侧向前拉，在腹股沟部与三角底边做一假扣打结。

三、绷带包扎

（一）环形包扎法

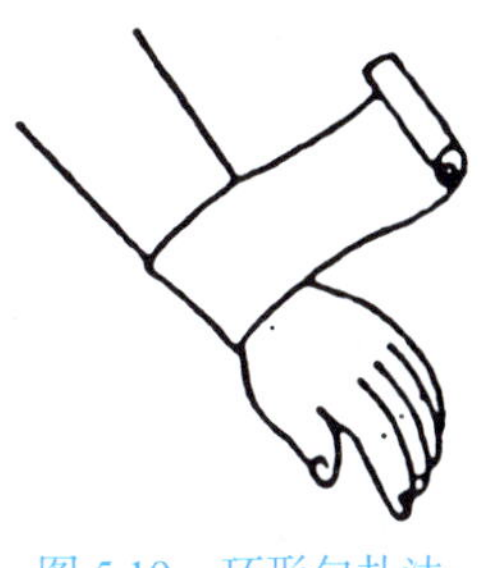
图 5.19　环形包扎法

（1）适应证：适用于各种包扎的起始和结束以及粗细相等部位如额、颈、腕及腰部伤的固定。

（2）操作方法：将绷带做环形重叠缠绕，最后用扣针将带尾固定，或将带尾剪成两头打结固定，如图 5.19 所示。

注意事项

（1）缠绕绷带的方向应是从内向外，由下至上，从远端至近端。开始和结束时均要重复缠绕一圈以固定。打结、扣针固定部位应在伤口的上部，肢体的外侧。

（2）包扎时应注意松紧度。不可过紧或过松，以不妨碍血液循环为宜。

（3）包扎肢体时不得遮盖手指或脚趾尖，以便观察血液循环情况。

（4）检查远端脉搏跳动，触摸手脚是否发凉等。

（二）蛇形包扎法（斜绷法）

（1）适应证：适用于夹板固定，或需由一处迅速延伸至另一处时，或做简单固定时。

（2）操作方法：将绷带以环形法缠绕数圈，然后以绷带宽度为间隔，斜行上缠，各周互不遮盖，如图 5.20 所示。

（三）螺旋形包扎法

（1）适应证：适用于直径大小基本相同的部位，如上臂、手指、躯干、大腿等。

（2）操作方法：同蛇形包扎法，但每周遮盖上一周的 1/3～1/2，如图 5.21 所示。

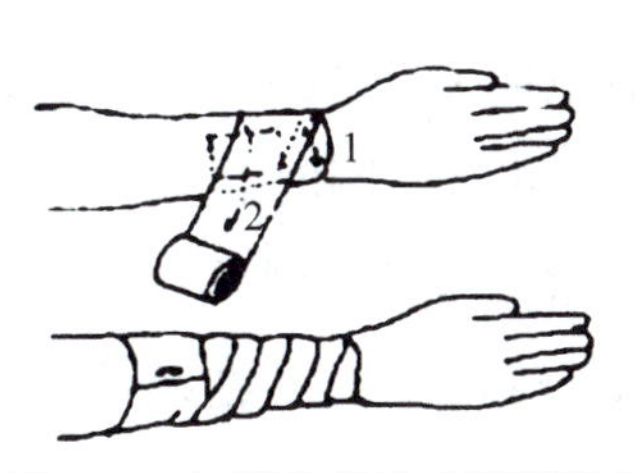

图 5.20　蛇形包扎法（斜绷法）

图 5.21　螺旋形包扎法

（四）螺旋反折包扎法

（1）适应证：适用于直径大小不等的部位，如前臂、小腿等。

（2）操作方法：每圈缠绕时均将绷带向下反折，并遮盖上一周的1/3～1/2，反折部位应位于相同部位，使之呈一条直线。注意不可在伤口或骨隆突处反折，如图5.22所示。

（五）“8”字形包扎法

（1）适应证：适用于直径不一致的部位或屈曲的关节部位，如肩、髋、膝等。

（2）操作方法：在伤处上下，将绷带自下而上，再自上而下，重复做“8”字形旋转缠绕，每周遮盖上一周的1/3～1/2，如图5.23所示。

图5.22 螺旋反折包扎法

图5.23 “8”字形包扎法

（六）回返式包扎法

（1）适应证：多用于包扎没有顶端的部位，如指端、头部或截肢残端等。

（2）操作方法：环形法缠绕数圈，由助手在后部将绷带固定，反折后绷带由后部经肢体顶端或截肢残端向前，也可由助手在前部将绷带固定，再反折向后，如此反复包扎，每一来回均覆盖前一次的1/3～1/2，直到包住整个伤处顶端，最后将绷带再环绕数圈把反折处压牢固定。

（七）“人”字形包扎法

（1）适应证：“人”字形包扎法多用于包扎手掌、足掌部位等。

（2）操作方法：将绷带由内至外（掌心朝前时上肢外侧为拇指侧、下肢外侧为小趾侧），由下至上（肢体近心端为上、远心端为下）缠绕肢体，将绷带在患者肢体关节中央处缠绕一圈做固定，然后绕一圈向下，再绕一圈向上，反复向下、向上缠绕；缠绕时，每绕一圈要遮盖前一圈绷带的2/3，露出1/3，以使缠绕固定，包扎结束时，在关节的上方重复缠绕一圈固定，如图5.24所示。

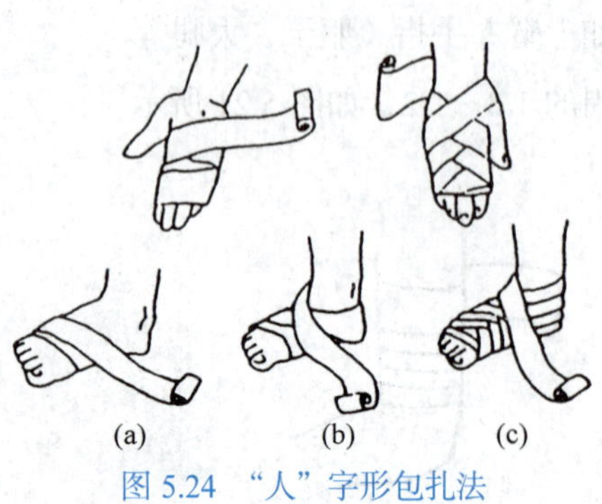

图5.24 “人”字形包扎法

注意事项

包　扎

（1）简单清创后再包扎，不准用手和脏物触摸伤口，不准用水冲洗伤口（化学伤除外），不准轻易取出伤口内异物，不准轻易把脱出体腔的内脏送回。

（2）包扎牢靠，松紧适宜。

（3）保持伤员体位舒适。

（4）从远心端向近心端。应将指（趾）端外露，以便观察血液循环。

（5）一般将结打在肢体外侧面，严禁在伤口、骨隆突处或易于受压的部位打结。

（6）解除绷带时，先解开固定结或取下胶布，然后两手互相传递松解。紧急或难以解开时，可用剪刀剪开。

第三节　骨折固定

骨折是人们在生产、生活中常见的损伤，为了避免骨折的断端对血管、神经、肌肉及皮肤等组织造成损伤，减轻伤员的痛苦，以及便于搬动与转运伤员，凡发生骨折或怀疑有骨折的伤员，均必须在现场立即采取骨折临时固定措施。

一、骨折的种类

骨折的分类方法有很多，常见的主要有以下几种分类方法。

（一）根据骨折的稳定程度划分

（1）稳定性骨折：指骨折端不易移位或复位后不易再次移位的骨折。如裂缝骨折、青枝骨折、横形骨折、嵌插骨折等。

（2）不稳定性骨折：指骨折端易移位或复位后易再移位的骨折。如斜形骨折、粉碎性骨折、螺旋形骨折等。

（二）根据骨折的程度和形态划分

（1）不完全骨折：指骨的完整性和连续性部分中断。

（2）完全骨折：指骨的完整性和连续性完全中断。

（三）根据骨折处皮肤、黏膜的完整性划分

（1）闭合性骨折：骨折处的皮肤或黏膜完整，骨折端不与外界相通。

（2）开放性骨折：骨折处皮肤或黏膜破裂，骨折端与外界相通。骨折处的伤口可因直接暴力如刀伤、枪弹伤由外向内等引起，也可因间接暴力致骨折后，尖锐的骨折端由内向外刺破皮肤或黏膜后引起。如耻骨骨折伴膀胱或尿道破裂，尾骨骨折致直肠破裂均属开放性骨折。

二、骨折的判断标准

（一）剧烈的疼痛

由于骨折处的尖端刺伤周围组织的血管、神经，活动时骨折局部剧烈疼痛，并有明显压痛、肿胀。

（二）畸形

骨折部位在肌肉的作用下，形态改变，如成角、旋转、肢体缩短等。

（三）骨摩擦音及骨摩擦感

骨折断端相互碰触时出现的声音和感觉。严禁刻意去做此项检查。

（四）功能障碍

骨的支撑、运动、保护等功能受到影响或完全丧失。

三、骨折固定的方法

院外急救多受条件限制，只能做外固定，目前最常用的外固定有小夹板、石膏绷带、外展架等。

（一）小夹板固定

（1）方法：可用木板、竹片或杉树皮等，削成长宽合度的小夹板。固定骨折时，小平板与皮肤之间要垫些棉花类东西，用绷带或布条固定在小夹板上更好，以防损伤皮肤。此法固定范围较石膏绷带小，但能有效防治骨折端的移位，因其不包括骨折的上下关节，故而便于及时进行功能锻炼，防止发生关节僵硬等并发症，具有确实可靠、骨折愈合快、功能恢复好、治疗费用低等优点。

（2）适应证：

① 四肢闭合性管状骨折。

② 四肢开放性骨折，创面小，经处理后创口已愈合者。

③ 陈旧性四肢骨折适合于手法复位者。

（二）石膏绷带固定

（1）方法：有无水硫酸钙（熟石膏）的细粉末，均匀撒在特制的稀纱布绷带上，做成石膏绷带，经水浸泡后缠绕在肢体上数层，使成管型石膏；或做成多层重叠的石膏托，用湿纱布绷带包在肢体上，待凝固成坚固的硬壳，对骨折肢体发挥有效的固定作用。其优点是固定作用确实可靠。其缺点是无弹性，固定范围大，不利于患者肢体活动锻炼，且有关节僵硬等后遗症和妨碍患肢功能迅速恢复的弊病。

（2）适应证：小夹板难以固定的某些部位的骨折，如脊柱骨折等。

① 开放性骨折，经清创缝合术后，创口尚未愈合者。

② 某些骨、关节手术后（如关节融合术后）等。

③ 畸形矫正术后。

④ 化脓性骨髓炎、关节炎。

（三）外展架固定

（1）方法：用铅丝夹板、铅板或木板制成的外展架，再用石膏绷带包于病人胸廓侧方后，可将肩、肘、腕关节固定于功能位，见图 5.25。病人站立或卧床，均可使患肢处于高抬位置，有利于消肿、止痛、减轻炎症。

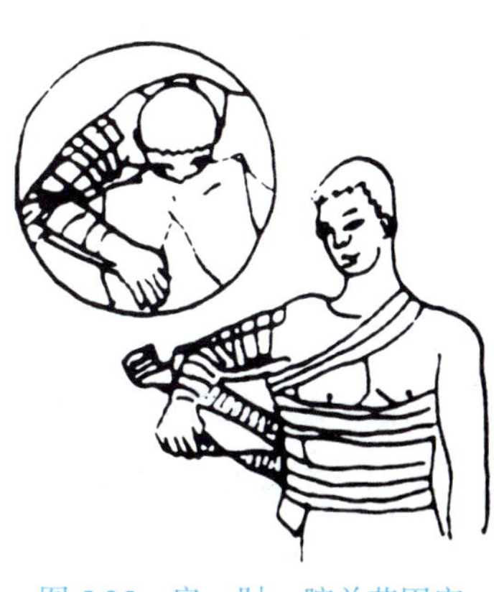

图 5.25　肩、肘、腕关节固定

（2）适应证：

① 肿胀较严重的上肢闭合性损伤。

② 肱骨骨折合并神经损伤。

③ 臂丛牵拉伤，上臂或前臂严重开放性损伤。

④ 肩胛骨骨折。

⑤ 肩、肘关节化脓性炎症及结核。

四、几种骨折固定技术

骨折固定技术在急救中占有重要位置，及时、正确地固定，对预防休克，防止伤口感染，避免神经、血管、骨骼、软组织等再遭受损伤有极好作用。

急救固定器材：院外急救骨折固定时，常不能按医院要求，只能常就地取材，以代替正规器材。如各种2~3厘米厚的木板、竹竿、竹片、树枝、木棍、硬纸板、枪支、刺刀，以及伤者健（下）肢等，均可作为固定代用品。

（一）颈椎骨折固定

（1）使伤者的头颈与躯干保持直线位置。

（2）用棉布、衣物等将伤者颈、眼、头两侧垫好，防止左右摆动。

（3）用木板放置头至臀下，然后用绷带或布带将额部、肩和上胸、臀固定于木板上，使之稳固。

（二）锁骨骨折固定

用绷带在肩背做“8”字形固定，并用三角巾或宽布条于颈上吊托前臂。

图 5.26　悬臂带

（三）肱骨骨折固定

用2~3块夹板固定患肢，并用三角巾、布条将其悬吊于颈部，如图5.26所示。

（四）前臂骨折固定

用两块木板，一块放前臂上，另一块放背面，但其长度要超过肘关节，然后用布带或三角巾捆绑托起。

（五）股骨骨折固定

用两块木板将大、小腿一起固定，置于大腿前后两侧，并长于腰部，并将踝关节一起固定，以防这两部位活动引起骨折错位，如图5.27所示。

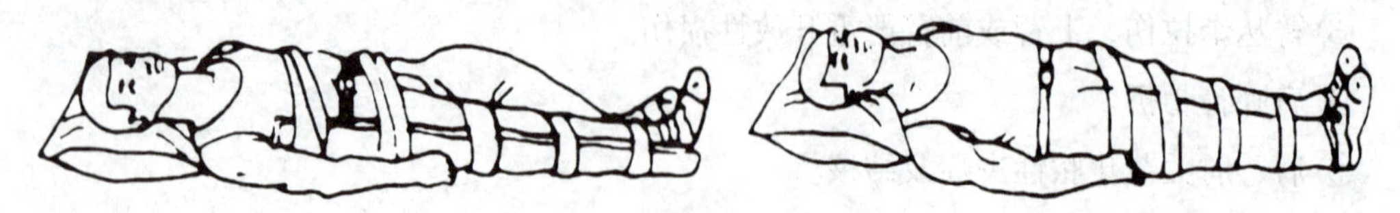

图 5.27　股骨骨折固定

（六）小腿骨折固定

腓骨骨折在没有固定材料的情况下，可将患肢固定在健肢上。

（七）脊柱骨折

脊柱骨折和脱位是常见伤害之一，通常是骨和脊髓伤情比较严重复杂。脊柱骨折由各种暴力使颈椎、胸椎、腰椎、尾椎骨折或错位，以及脊髓损伤，常导致残废，危及生命，需要及时、正确地急救。脊柱骨折正确搬运非常重要。

正确搬运方法如下。

（1）伤者两下肢伸直，两上肢垂于身体两侧，如图 5.28（a）、（b）所示。

（2）3～4 名急救者在伤者一侧，两人托臀和双下肢，另两人分别托头、腰部，置伤者于担架或门板上。

（3）不要使伤者躯干扭曲，注意不能一人抬头一人抬足，如图 5.28（c）所示。

（4）用枕头、沙袋、衣物垫堵在颈两侧。如果颈、腰脱臼错位，或骨折时应将颈下、腰下垫高，保持颈或腰处于过伸状态。

(a) 滚动法

(b) 平托法

(c) 脊椎骨折不正确搬运法

图 5.28　脊柱骨折搬运法

注意事项

骨折固定

（1）如为开放性骨折，必须先止血，再包扎，最后进行骨折固定，此顺序绝不可颠倒。

（2）下肢或脊柱骨折，应就地固定，尽量不要移动伤员。

（3）四肢骨折固定时，应先固定骨折的近端，后固定骨折的远端。如固定顺序相反，可导致骨折再度移位。夹板必须扶托整个伤肢，骨折上下两端的关节均必须固定。绷带、三角巾不要绑扎在骨折处。

（4）夹板等固定材料不能与皮肤直接接触，要用棉垫、衣物等柔软物垫好，尤其骨突部位及夹板两端。

（5）固定四肢骨折时应露出指（趾）端，以随时观察血液循环情况，如有苍白、紫绀、发冷、麻木等表现，应立即松开重新固定，以免造成肢体缺血、坏死。

第四节　伤员转运

伤员进行初步救护后，必须迅速、安全地将伤员送到医院或救护站进行进一步治疗，称为伤员转运。转运的目的是使伤员能迅速得到医疗机构的及时抢救治疗，并及早离开受伤现场，以免延误抢救治疗时机，并可防止再次受伤。

搬运伤病旅客时，应根据伤病旅客的具体情况，选择合适的搬运工具和搬运方法。必须强调，凡是创伤伤员一律应用硬直的担架，绝不可用帆布、软性担架；如对腰部、骨盆处骨折的伤员就要选择平整的硬担架。在抬送过程中，尽量少振动，以免增加伤员的痛苦。

一、搬运要求

（1）搬运前应先进行初步的急救处理。

（2）搬运时要根据伤情灵活地选用不同的搬运工具和搬运方法。

（3）按伤情不同，注意搬运的体位和方法，动作要轻而迅速，避免振动，尽量减轻伤员痛苦，并争取在短时间内将伤员送往医院进行抢救治疗。

二、特殊伤员搬运的正确方法

（一）脊柱、脊髓损伤伤员的搬运

遇有高空坠落、车祸等严重损伤和怀疑有颈椎、腰椎损伤的伤员时，不可随意搬运或扭曲其脊柱。应多人用手臂共同将其平行搬运至水平木板上，注意必须托住颈、腰、臀和双下肢。

（二）颅脑损伤伤员的搬运

颅脑损伤者常有脑组织暴露和呼吸不畅等表现。搬运时应使伤员取半仰卧位或侧卧位，使呼吸保持通畅。颅脑损伤常合并颈椎损伤，搬运时须注意保护其颈椎。

（三）腹部受伤伤员的搬运

伤员取仰卧位，下肢屈曲，防止腹腔脏器受压而脱出。此类伤员宜用担架或木板搬运。

（四）胸部受伤伤员的搬运

胸部受伤者常伴有开放性血气胸，需进行包扎，以座椅式搬运为宜，伤员取坐位或半卧位。有条件者最好用坐式担架、靠背椅或将担架调整至靠背状。

（五）昏迷伤员的搬运

伤员取平卧位，垫高背部，头稍后仰，如有呕吐，须将其头朝向一侧，或采用脚高头低位，搬运时用普通担架即可。

（六）呼吸困难伤员的搬运

伤员取坐位，不能背驮。用软担架（床单、被褥）搬运时，注意不能使伤员躯干屈曲。如有条件，最好用折叠担架（或椅）搬运。

在伤员搬运过程中要特别注意以下几个方面。

（1）如果事故现场有再次发生伤害的危险，需要立即将伤员搬运至远离事故现场的安全区域。

（2）在现场较安全时，需对伤员进行止血、包扎、固定等处理。

（3）救助者在器材未准备妥当时，切忌搬运伤员，尤其是体重过重或神志不清者，因为途中可能发生滚落、摔伤等意外。

（4）在搬运过程中要随时观察伤员的状态，如面色、呼吸等。

（5）搬运时尽量避免碰到伤口，以减少感染。

（6）在车载搬运过程中，应使伤员的脚朝车行方向，头朝车行的相反方向。

三、使用器械搬运伤员的正确方法

器械搬运是指用担架（包括软担架）等现代搬运器械，或者因陋就简，利用床单、被褥、靠背椅等作为搬运工具的一种搬运方法。

（一）担架搬运

担架搬运是现场急救最常用的搬运方法。

保持伤员足部向前、头部向后，以便后面抬担架的人观察伤员。

伤员抬上担架后必须扣好安全带，以防止翻落或跌落。

向高处抬时，前面人要将担架放低，后面人要抬高，使伤员保持水平状态；向低处抬时则相反。

担架上车后应予以固定，伤员头部位置应与车辆前进的方向相反，以免晕厥，加重病情。

（二）床单、被褥搬运

遇有窄梯、狭道，担架或其他搬运工具难以搬运，或遇寒冷天气时，徒手搬运会使伤员受凉，这时可采用此法。

取一条结实的被单（被褥、毛毯也可），平铺在床上或地上，将伤员轻轻地搬到被单上。

救助者面对面紧抓被单两角，脚前头后（上楼则相反）缓慢移动，搬运时有人托腰则更好。

这种搬运方式容易造成伤员肢体弯曲，故有胸部创伤、四肢骨折、脊柱损伤以及呼吸困难的伤员不宜用此方法。

（三）椅子搬运

楼梯比较狭窄或陡直时，可用牢固的靠背椅作为工具搬运伤员。伤员采用坐位，并用宽带将其固定在椅背上。两个救助者一人抓住椅背，另一人紧握椅脚，然后以 45° 向椅背方向倾斜，缓慢地移动脚步。失去知觉的伤员不宜用此方法。

四、徒手搬运伤员的正确方法

徒手搬运的正确方法是指在搬运伤员的过程中仅凭人力而不使用任何器具的一种搬运方法。

该方法适用于通道狭窄等担架或其他简易搬运工具无法通过的地方，但骨折伤员不宜采用。主要的方法有以下几种。

（一）搀扶式搬运

搀扶式搬运适用于病情较轻、能够站立行走的伤员。由一个或两个救助者托住伤员的腋下，也可由伤员将手臂搭在救助者肩上，救助者用一手拉住伤员的手腕，另一手扶伤员的腰部，然后与伤员一起缓慢移步，如图 5.29 所示。

（二）背驮式搬运

背驮式搬运适用于搬运清醒且体重轻、可站立，但不能自行行走的伤员。救助者背对伤员蹲下，然后将伤员上肢拉向自己胸前，用双臂托住伤员的大腿，双手握紧腰带。救助者站直后上身略向前倾斜行走（呼吸困难的伤员，如哮喘以及胸部创伤的伤员不宜用此方法），如图 5.30 所示。

（三）抱持式搬运

抱持式搬运多适用于单名救助者实施搬运。将伤员的双臂搭在自己肩上，然后一手抱住伤员的背部，另一手托起腿部，如图 5.31 所示。

图 5.29　搀扶式搬运

图 5.30　背驮式搬运

图 5.31　抱持式搬运

（四）双人搭椅

双人搭椅适用于意识清醒并能配合救助者的伤员。由两个救助者对立于伤员两侧，然后两人弯腰，各以一只手伸入伤员大腿后下方呈十字交叉紧握，另一只手彼此交叉支持伤员背部。或者救助者右手紧握自己的左手手腕，左手紧握另一救助者的右手手腕，以形成口字形。这两种不同的搬运方法，都因形状类似于椅状而得名。此法的要点是两人的手必须握紧，移动步伐必须协调一致，且伤员的双臂必须分别搭在两个救助者的肩上。又可分为：椅托式、轿杠式、椅式、平卧式搬运，如图 5.32～图 5.35 所示。

图 5.32　椅托式搬运

图 5.33　轿杠式搬运

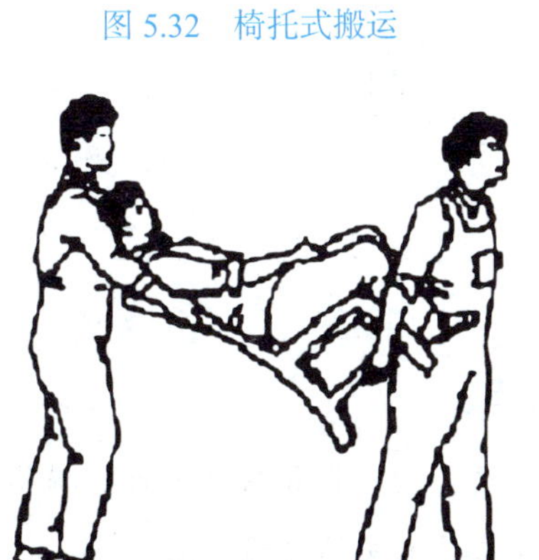

图 5.34　椅式搬运

图 5.35　平卧式搬运

图 5.36　拉车式搬运

（五）拉车式搬运

拉车式搬运适用于搬运没有骨折的伤员，需两名救助者。一个救助者站在伤员后面，两手从伤员腋下将其头背抱在自己怀内，另一救助者蹲在伤员两腿中间，双臂夹住伤员的两腿，然后两人步调一致，慢慢将伤员抬起，如图 5.36 所示。

五、简易搬运器材的准备

就地取材。在没有担架的情况下，也可以采用简易的担架，如用椅子、门板、毯子、衣服、大衣、绳子、竹竿或梯子等代替，如图 5.37 所示。

抬担架方法。担架员在伤员一侧，将伤员抱上担架，然后将伤员固定于担架上。担架员走步要交叉，即前者先跨左脚，后者先跨右脚，上坡头在前，下坡头在后，冬季要保暖，夏季要防暑，并时常观察伤员情况，如图 5.38 所示。

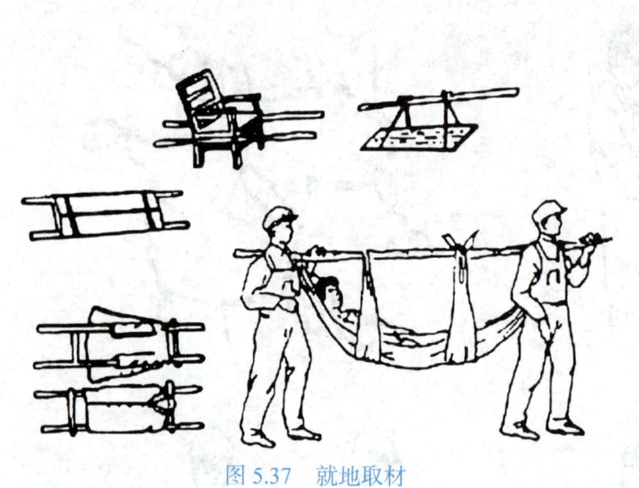

图 5.37　就地取材

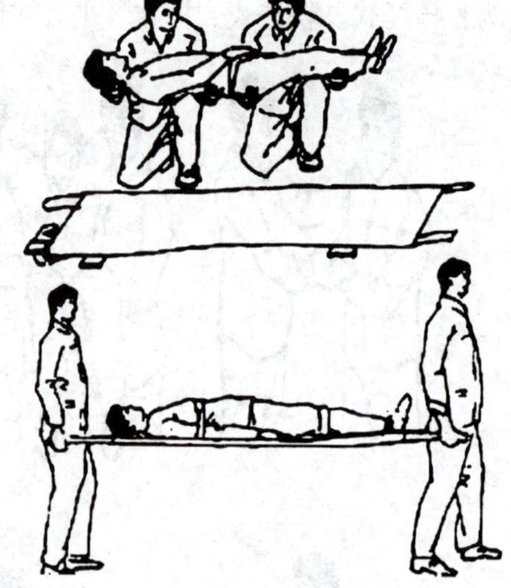

图 5.38　简易担架的制作

注意事项

伤者转运

（1）移动伤者时，首先应检查伤者的头、颈、胸、腹和四肢是否有损伤，如果有损伤，应先做急救处理，再根据不同的伤势选择不同的搬运方法。

（2）病（伤）情严重、路途遥远的伤病者，要做好途中护理，密切注意伤者的神志、呼吸、脉搏以及病（伤）势的变化。

（3）上止血带的伤者，要记录上止血带和放松止血带的时间。

（4）搬运脊椎骨折的伤者，要保持伤者身体的固定。颈椎骨折的伤者除了身体固定外，还要有专人牵引固定头部，避免移动。

（5）用担架搬运伤者时，一般头略高于脚。休克的伤者则脚略高于头。行进时伤者的脚在前，头在后，以便观察伤者情况。

（6）用汽车、大车运送伤者时，床位要固定，防止启动、刹车时晃动使伤者再次受伤。

经典案例

泰国甲米国际机场，甲米飞往北京的东航 MU732 航班正在等待最后两名旅客登机。十分钟过去了，航班就快到关闭舱门的时刻，却迟迟不见旅客登机，正在大家焦急等待的时候，一名中年男士在一位女士的搀扶下，步履蹒跚地走向舱门，客舱经理周慧君见状赶忙迎上去帮助搀扶。经了解，原来这位旅客在候机楼行走时，被其他客人推的行李车撞倒，脚后跟流血不止，由于甲米机场保障能力有限，机场内没有医务室，无法为旅客进行包扎，故这名受伤的旅客只有忍痛慢慢走上飞机，这才耽误了登机时间。

经过简短有效的沟通，这名旅客表示自己精神状态和身体状况可以继续乘机，随即客舱经理报告机长关闭舱门，并第一时间为这位旅客进行伤口的清理及包扎工作。期间，周慧君安抚旅客让其在座位上躺平后，安排乘务员沈琪去拿矿泉水、冰袋，安排赵晓蕊取急救药箱，为旅客进行消毒、清理创面，最后包扎，整个过程只花了5分钟。在一旁全程观看的女客人原本不知道飞机上可以消毒包扎，称赞道，你们太专业了，看到乘务员所做的这一切，再三表示感谢，对此，乘务组只是淡淡一笑地说：这是我们应该做的。

“养兵千日，用兵一时”，MU732 乘务组能在短时间内游刃有余地处理好旅客的伤口，与扎实专业的业务功底、训练有素的团队配合是密不可分的。夏季飞行，气候复杂多变，航班中遇到特殊情况的可能也较其他季节更多，如何处理好各类突发状况、保障安全运行是每一位民航人都关注的重点。

问题：

1. 该乘客突发了什么情况？

2. 抢救措施是否正确？

思考练习

1. 常用止血方法有哪些？

2. 使用止血带有哪些注意事项？

3. 包扎有哪些注意事项？

4. 骨折的判断标准是什么？

5. 搬运伤病旅客有哪些注意事项？

实训任务书

航班飞行过程中，突然出现强烈颠簸，旅客王某因未系安全带，左前臂撞到前部座椅，头部撞到机舱顶部，导致左前臂中段掌面有一 8 厘米 ×10 厘米大小的软组织缺损创面，广泛渗血，中央有喷射性出血；头顶偏左有 4.0 厘米头皮裂伤伤口，伤口中有金属异物刺入颅内，外露 2 厘米。

请根据以上情况进行处理。

要求

1. 设裁判员 7 名，其中教师 1 名、学生 6 名。

2. 实训同学采取抽签形式决定先后顺序。

3. 裁判员对照《急救止血包扎技术评分标准》进行评分。

4. 时间为 5 分钟，时间结束则停止操作。

实训考核

学生完成实训后应如实填写实训报告，报告主要内容如下：实训目的；实训内容；本人承担的实训任务及完成情况；实训小结；实训评估（由教师完成）（见表 5.1）。

表 5.1　急救止血包扎技术评分标准

项　目	题　　目	操作要求及评分细则	标准分	实得分
准备（9 分）	左前臂中段掌面有一 8 厘米 ×10 厘米大小的软组织缺损创面，广泛渗血，中央有喷射性出血。头顶偏左有 4.0 厘米头皮裂伤伤口，伤口中有金属异物刺入颅内，外露 2 厘米。	戴手套	1	
		环顾四周评估环境安全并报告，看表	1	
		表明身份	0.5	
		安慰患者	0.5	
		检查并报告伤情	3	
		* 开口敷料 2 块，方纱 2 张	2	
		* 动脉止血带 1 条		
		* 绷带 1 条		
		* 三角巾 4 条		
		* 纸片 1 张		
		* 笔 1 支		
		* 弧形针 1 个		
		* 在托盘上摆放整齐（以上物品缺一种扣 0.25 分）		
		*20 秒内完成准备物品完成（超时全扣）	1	
止血带止血法（24 分）		一只手抬高伤肢两分钟（口头报告）	3	
		用另一只左四指压迫肱动脉止血	3	
		* 上止血带部位用三角巾作衬垫，平整	3	
		* 上止血带部位正确（三角肌下缘）	3	
		* 止血带压力均匀、适度	3	
		检查止血效果并报告（桡动脉搏动消失，伤口出血停止）	3	
		* 填写标记卡	3	
		* 注明止血部位、时间（字迹清楚）	3	
加压包扎止血（24 分）		选择敷料合适	3	
		无菌原则取敷料	4	
		创面覆盖完整（超过伤口）	3	
		扎绷带方法正确	4	
		加压均匀、适度	4	
		绷带卷无脱落	2	
		包扎平整、美观，不松垮	2	
		敷料无外露	2	

续表

项　目	题　　目	操作要求及评分细则	标准分	实得分
三角巾悬吊（3分）	左前臂中段掌面有一8厘米 ×10厘米大小软组织缺损创面，广泛渗血，中央有喷射性出血。 头顶偏左有4.0厘米头皮裂伤伤口，伤口中有金属异物刺入颅内，外露2厘米。	三角巾摆放正确	1	
		前臂悬吊角度正确（80°～85°）	0.5	
		*三角巾两个底角在伤侧锁骨上窝打平结	0.5	
		顶角紧裹肘关节	0.5	
		检查肢端血液循环	0.5	
有异物存留伤口包扎（30分）		无菌原则取敷料	3	
		选择敷料合适	3	
		敷料放置正确、适度	3	
		制作保护圈正确	3	
		圈高度足够，中间孔大小合适	3	
		放圈位置正确	3	
		头部三角巾帽式包扎规范	3	
		松紧适度	3	
		不能包压眼睛和耳廓	2	
		不能压迫异物	2	
		在前额打平结	2	
整体质量（10分）		操作熟练，动作规范。	1	
		相互配合	1	
		没有重复动作和交叉动作	1	
		没有“跨头”操作	1	
		没有物品掉落	1	
		不阻挡评委视线	1	
		整体操作在规定时间内完成（计时从宣布开始至操作完毕）	4	
合　计			100	

注：* 表示可由助手操作。

第六部分 机上常见病症处理

在飞行期间，虽然旅客需要接受紧急医疗救助的概率仅为万分之一，其中以晕机、压耳、心绞痛、心肌梗死、癫痫等较为多见，但是作为空勤人员应认真学习、了解机上常见疾病的症状，掌握一般处理原则，确保能够做到在关键时刻反应迅速，处置得当，对突发疾病的旅客进行及时、正确地救助，以便送往地面医疗单位做进一步诊治。

第一节 心脑血管疾病

一、心绞痛

（一）定义

心绞痛是冠状动脉供血不足，心肌急剧的暂时缺血与缺氧所引起的以发作性胸痛或胸部不适为主要表现的临床综合征。

知识链接

冠状动脉

心脏的形状如一倒置的、前后略扁的圆锥体，如将其视为头部，则位于头顶部、几乎环绕心脏一周的冠状动脉恰似一顶王冠，这就是其名称由来。冠状动脉是供给心脏血液的动脉，起于主动脉根部主动脉窦内，分左右两支，行于心脏表面，如图 6.1 所示。

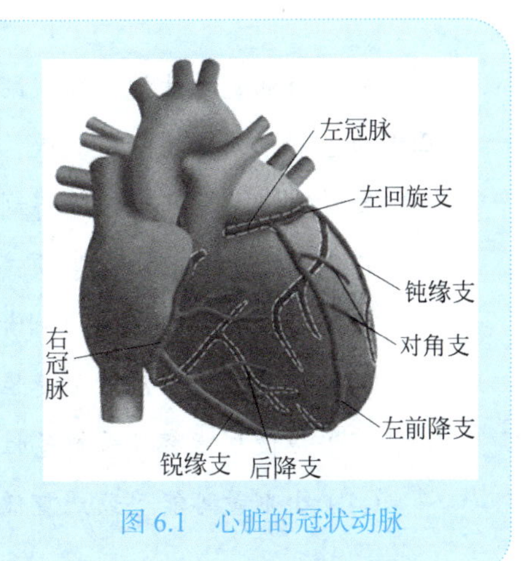

图 6.1 心脏的冠状动脉

（二）主要症状

多表现为闷痛、压榨性疼痛或胸骨后、咽喉部紧缩感，有些患者仅有胸闷，可分为典型性心绞痛和不典型性心绞痛。

1. 典型性心绞痛症状

典型性发作的心绞痛，是突然发作的胸骨后紧闷感和压榨感，放射至左肩臂，可达无名指、小指，常伴有窒息感。每次历时约数分钟（很少超过 15 分钟）。疼痛剧烈时，大汗淋漓，脸色青紫，情绪紧张，表现出焦虑面容。

2. 不典型性心绞痛症状

疼痛可位于胸骨下段、左心前区或上腹部，放射至颈、下颌、左肩胛部或右前胸，疼痛可很快消失或仅有左前胸不适、存在发闷感，常见于老年患者或者糖尿病患者。

（三）急救方法

（1）停止一切活动，平静心情，可就地站立休息，无须躺下，以免增加回心血量而加重心脏负担。

（2）用现成专用的药物帮助病患旅客（舌下含服硝酸甘油或麝香保心丸），通常 2 分钟左右疼痛即可缓解。

如果效果不佳，10 分钟后可再在舌下含服一片，以加大药量。注意，无论心绞痛是否缓解，或再次发作，都不宜连续含服三片以上的硝酸甘油片。

（3）及时寻求专业医护人员救护。

知识链接

硝酸甘油

硝酸甘油是甘油的三硝酸酯，可直接松弛血管平滑肌特别是小血管平滑肌，使周围血管舒张，外周阻力减小，回心血量减少，心排出量降低，心脏负荷减轻，心肌耗氧量减少，因而心绞痛得到缓解。

应用硝酸甘油的注意事项：

（1）心绞痛频繁发作的患者在大便前含服可预防发作。

（2）长期服用可产生耐受性。

（3）应使用能有效缓解急性心绞痛的最小剂量，过量可能导致耐受现象。

（4）小剂量可能导致严重低血压，尤其在直立位时。

（四）注意事项

（1）避免进食高脂肪、高胆固醇的食物，可饮少量啤酒、养生酒、低度酒。

（2）多吃水果、新鲜蔬菜，减少刺激性饮食。适当喝食用醋，以软化血管，减少心绞痛发作。伴有心绞痛的冠心病患者，应适当休息，减轻工作量，如发生心肌梗死，应立即住院治疗。

（3）初发心绞痛的患者，往往未随身携带急救药物，为避免情绪慌乱，应及时到医院救治。

二、脑出血

（一）定义

脑出血是指非外伤性脑实质内血管破裂引起的出血。

（二）主要症状

（1）好发于 50 岁以上的中老年人。

（2）多数伴有高血压病史、寒冷季节发病史。

（3）在体力活动或情绪激动时突然起病，发展迅速。

（4）常见的主要表现：头痛、头晕、呕吐、意识障碍、肢体瘫痪、失语、大小便失禁等。

（三）急救方法

（1）现场组织抢救，不宜搬运。

（2）将头抬高 30°，头部置冰帽。

（3）注意保持呼吸通畅，松解衣裤，如有假牙予以取出。

（4）病患旅客昏迷时取侧卧位，防止舌根后坠堵塞呼吸道，随时吸出口腔分泌物和呕吐物。

（5）给予吸氧、降压药，广播找医生，通知机组。

（6）密切观察病患旅客血压、脉搏、呼吸、瞳孔及意识的变化。

知识链接

脑出血发病的主要原因

脑出血相信大家都有所耳闻，这是一种急性病，往往发病较快，而且很容易导致患者的死亡。由于脑出血病情凶险，起病急骤，而且死亡率高，是中老年人致死性疾病之一。在我们的日常生活中一定要注意自己的身体，不要过于激动，保证良好的生活习惯，这样可以有效预防脑出血的发生，下面让我们一起来看一下造成脑出血的原因都有哪些吧。

1. 酗酒

酗酒是引起脑出血的一大危险因素，因为酗酒可以导致凝血机制改变以及血压增高，从而触发脑出血。我们平时一定要控制酒量，尽可能的少饮酒。如果大量饮酒可能会危及生命，或者留下终身残疾。

2. 高血压疾病

脑出血的发生有很大一部分都与高血压有密切的关系，因为很多高血压患者会存在动脉粥样硬化的情况，这样就会导致患者颅内出现动脉瘤。当一些外在或者内在因素造成血压升高后，这些动脉瘤可能会出现破裂，从而引起脑出血的发生。

3. 不良生活习惯

引起脑出血的一个重要原因就是不良的生活习惯。如果人们长期疲劳而且情绪波动较大，这样很容易导致血压升高，长期如此就会引起脑出血的发生。所以我们平时要保持良好的生活习惯，不要过度劳累，保证充足的睡眠，这样才能预防脑出血的发生。

4. 情绪激动

情绪激动也是脑出血的一个重要的诱因。因为人们在情绪激动时会出现心跳加快，血压突然升高的现象，这种情况是非常危险的，特别是对于老年人来说，很容易导致脑出血。而一些高血压病伴便秘的患者，排便时如果过度地屏气，使腹压突然增高，也容易引发脑出血。

5. 脑血管病变

对于老年人来说，脑血管病变也是引起脑出血的一个重要原因。大多数的脑血管病变表现为淀粉样变化，而且随着年龄的增大出现脑血管病变的概率也就越高。因为这种淀粉样变在CT检查中是很容易发现的，所以中老年患者要定期检查身体，防止脑血管病变的发生。

以上五点是造成脑出血的一些常见原因，其实脑出血是可以预防的，首先我们需要明确这些发病原因，然后在生活中要注意避免这些情况的发生，这样才能有效预防脑出血。而且在日常生活中一定要保持良好的生活习惯，不要过度劳累也不要熬夜，多锻炼身体，增强体质，对于预防脑出血都有很大的帮助。

三、心肌梗死

（一）定义

心肌梗死是冠状动脉闭塞，血流中断，使部分心肌因严重的持久性缺血而发生局部坏死。

（二）主要症状

突然发作的胸骨后或心前区剧痛，并向左臂放射，疼痛持续30分钟以上，大汗淋漓、恶心、呕吐、腹胀、面色苍白或发疳、脉搏弱而快、血压下降、呼吸困难。经休息或舌下含服硝酸甘油片无效。表现为烦躁不安，痛苦面容。

（三）急救方法

（1）保持绝对安静，平卧、禁止搬动。

（2）立即吸氧，并给镇静、止痛药。

（3）广播请乘客中的医师参加抢救工作，并立即通知到达站做好急救工作。

（4）如呼吸、心跳停止则应迅速采取心肺复苏术。

知识链接

心肌梗死的预防

血脂异常、糖尿病、高血压、腹型肥胖是发生心肌梗死的最主要因素，一般一年做一次预测性检查，但对于已经发生过心肌梗死的病人，为预防再次心肌梗死的发生，可能半年甚至更短的时间就要做一次检查，将危险降到最低。为了预防血栓形成，除了积极治疗原发疾病和调节生活方式外，最关键的是进行抗栓治疗。

绝对不搬抬过重的物品。搬抬重物时必然弯腰屏气，这对呼吸、循环系统的影响与用力屏气大便类似，是老年冠心病病人诱发心肌梗死的常见原因。

洗澡要特别注意。不要在饱餐或饥饿的情况下洗澡。水温最好与体温相同，水温太热可使皮肤血管明显扩张，大量血液流向体表，可造成心脑缺血。洗澡时间不宜过长，洗澡间闷热且不通风，在这样环境下人的代谢水平较高，极易缺氧、疲劳，老年冠心病病人更是如此。较严重的冠心病病人洗澡时，应在他人帮助下进行。

气候变化时要当心。在严寒或强冷空气影响下，冠状动脉可发生痉挛并继发血栓而引起急性心肌梗死。气候急剧变化，气压变低，冠心病病人会感到明显的不适。国内资料表明，持续低温、大风、阴雨是急性心肌梗死的诱因之一。所以每遇气候恶劣时，冠心病病人要注意保暖或适当加服硝酸甘油类扩冠药物进行预防。

第二节　消化系统疾病

一、胃痉挛

（一）定义

胃痉挛即胃部肌肉抽搐，是胃呈现的一种强烈收缩状态。

（二）主要症状

出现胃痉挛的人主要表现为上腹痛、呕吐等。

（三）急救方法

可以通过喝热水、热敷腹部等方式缓解胃部肌肉紧张。在痉挛出现时令患者平躺在座椅上，乘务员可以帮助轻柔患者腹部，使腹部肌肉得到放松，从而缓解胃痉挛症状。

（四）注意事项

（1）运动前做好充分的热身活动，忌过饱，忌食豆类及地瓜、土豆等食品，少食冷饮，可预防胃痉挛的发生。

（2）当出现胃痉挛时，首先要让患者平静下来，宜平躺在床上，再用热水在上腹部热敷 20～30 分钟。

（3）用手按压内关穴与足三里穴各 3～5 分钟可缓解疼痛。

知识链接

内关穴与足三里穴

内关穴：位于前臂正中，腕横纹上 2 寸。将右手三个手指头并拢，无名指放在左手腕横纹上，这时右手食指和左手手腕交叉点的中点就是内关穴。为说明确切位置，可以攥一下拳头，攥完拳头后，在内关穴上，有两根筋，实际上，内关穴就在两根筋中间的位置，如图 6.2 和图 6.3 所示。

足三里是足阳明胃经的穴位，位于小腿外侧面犊鼻下三寸，简便取穴方法是找到小腿的外侧面，膝盖的凹陷处，也就是所说的膝眼，用自己的食指、中指、无名指、小指并排，然后食指近拇指的一侧缘靠近膝盖的凹陷处，小指的外侧缘与胫骨的交叉点，就是足三里，也就是离膝眼有四横指的距离，是足三里的位置。

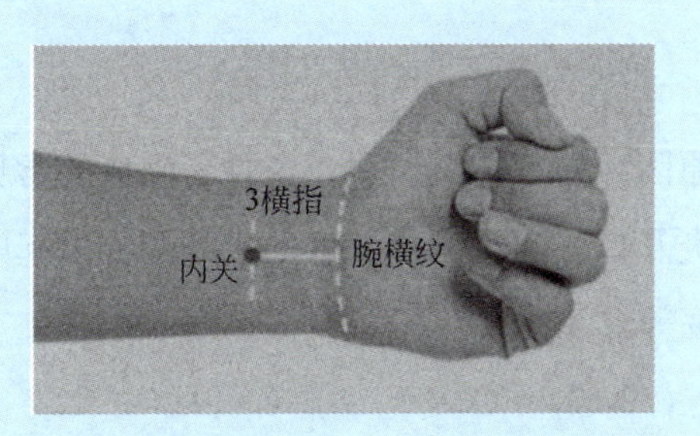

图 6.2　内关穴的位置

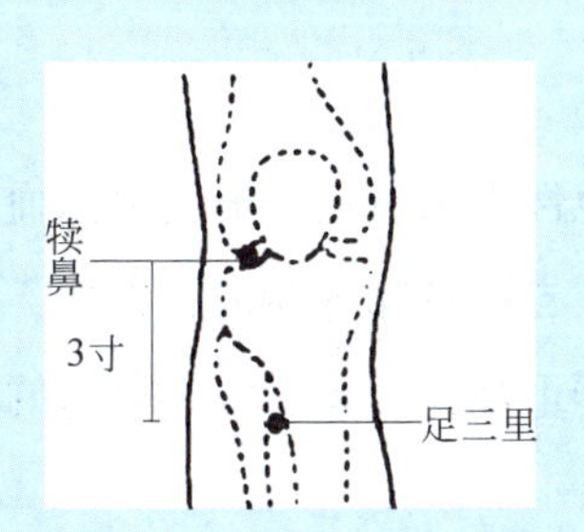

图 6.3　足三里穴的位置

二、急性胃肠炎

（一）定义

急性胃肠炎是胃肠黏膜的急性炎症，由于进食含有病原菌及其毒素的食物，或饮食不当导致的。

（二）主要症状

急性胃肠炎症状的类型和严重程度取决于微生物或毒物的类型和量的大小。最常见的症状是腹泻，其他症状包括腹痛、恶心、呕吐、发热、食欲减退、体重减轻（可能是脱水的征象）、大量出汗、皮肤湿冷、肌肉痛或关节僵硬、大便失禁等。

（三）急救方法

（1）尽量卧床休息，病情轻者口服葡萄糖——电解质液以补充体液的丢失。如果持续呕吐或明显脱水，则需静脉补充 5%～10% 葡萄糖盐水及其他相关电解质。鼓励摄入清淡流质或半流质饮食，以防止脱水或治疗轻微的脱水。

（2）必要时可注射止吐药、解痉药；服用止泻药，如思密达，1 日 2～3 次。

知识链接

思　密　达

思密达也叫蒙脱石散，适应证为成人及儿童急、慢性腹泻。用于食道、胃、十二指肠疾病引起的相关疼痛症状的辅助治疗。

三、急性胃出血

（一）定义

急性胃出血是上消化道出血的最常见原因，约占70%。引起急性胃出血的常见疾病是胃、十二指肠球部溃疡，胃癌，出血性胃炎及口服阿司匹林，可的松等药物引起的急性溃疡，严重烧伤和大手术等引起的应激性溃疡等。

（二）主要症状

急性胃出血主要表现为恶心、呕吐暗红色或咖啡色液体，可混有食物，呈酸性反应。可伴有头晕、心悸、面色苍白、脉搏细弱、心率增快、血压下降，甚至晕厥、休克，可伴黑便，个别患者以晕厥为首发症状。

（三）急救方法

（1）平卧、安静休息、禁食禁水。

（2）可广播请乘客中的医师参加抢救，可注射止血药。

（3）注意观察脉搏和血压变化。

（4）与地面联系，做好抢救准备工作。

第三节　呼吸系统疾病

一、呼吸道梗阻

（一）定义

当有一小块食物，尤其是没有经过好好咀嚼的食物，在一些因素的影响下，进入“错误的通道”（气管）并且停留在气管内，呼吸道就可能部分或完全阻塞。客舱的范围小，彼此相隔很近，使得这种病例非常容易被识别出来。

（二）主要症状

呼吸道异物可造成呼吸道部分或完全阻塞。前者又可分为换气良好和换气不良两种类型。换气良好者，常能强力咳嗽，可闻及咳嗽间有喘鸣音和嘈杂的空气流动；换气不良者，咳嗽微弱无力，吸气末带有高调喘鸣音，出现呼吸困难并逐渐加重，口唇和面色紫绀或苍白。最严重的是呼吸道完全阻塞，患者突然不能说话、咳嗽或呼吸、回答询问，这是非常痛苦的。患者无例外地将一只手放在前颈部，脸色迅速紫绀或苍白，尤其是唇部，呼吸极度困难，可发生缺气性昏迷（肺内氧气耗尽）甚至死亡。

（三）急救方法

（1）及早识别呼吸道梗阻的紧急情况。

病患旅客突然不能说话、咳嗽，会用手伸向喉部表示哽咽窒息，表情惊恐，呼吸困难逐渐加重，并逐渐出现口唇青紫、意识丧失、呼吸停止，一般呈“V”字形手势，如图 6.4 所示。

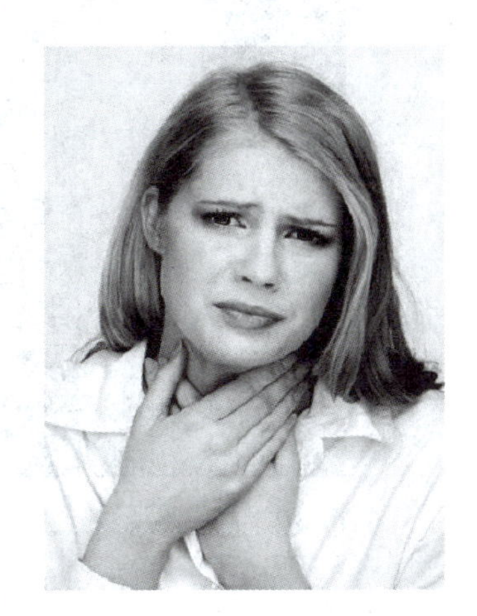

图 6.4 呼吸道梗阻的表象

（2）根据具体情况，选用以下合理急救方法，尽快解除呼吸道的梗阻。

① 膈下腹部冲击法（海姆立克手法）：适用于成人和儿童。

方法：施救者站于病患旅客身后，双手穿过其腰部，一手握拳，拇指侧朝向病患旅客腹部，置于脐与剑突连线的中点，另一手抓住握拳手，使用快速向内向上力量冲击病患旅客腹部，反复进行直至异物排出或病患旅客转为昏迷。病患旅客昏迷时，将其置于仰卧位，使头后仰，开放气道，施救者跪跨于病患旅客髋部两侧，两手重叠，实施海姆立克手法，如图 6.5 和图 6.6 所示。

图 6.5 海姆立克法站立腹部冲击

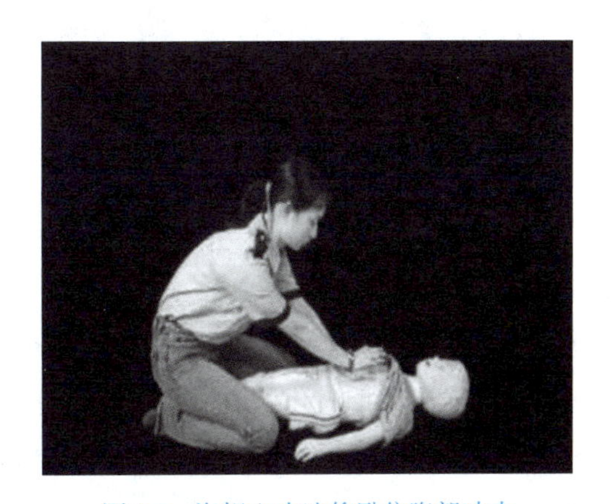

图 6.6 海姆立克法仰卧位腹部冲击

② 胸部冲击法：适用于妊娠晚期或过度肥胖者。

方法：施救者站于病患旅客背后，用双臂绕过其腋窝，环绕其胸部，用握拳的拇指一侧朝向病患旅客胸骨中点，避免压于剑突或肋缘上；另一手抓住握拳手实施向后冲击。病患旅客昏迷时，使其仰卧，施救者跪于一侧，将重叠双手掌放于病患旅客的胸骨下半段上，实施向后冲击，如图 6.7 和图 6.8 所示。

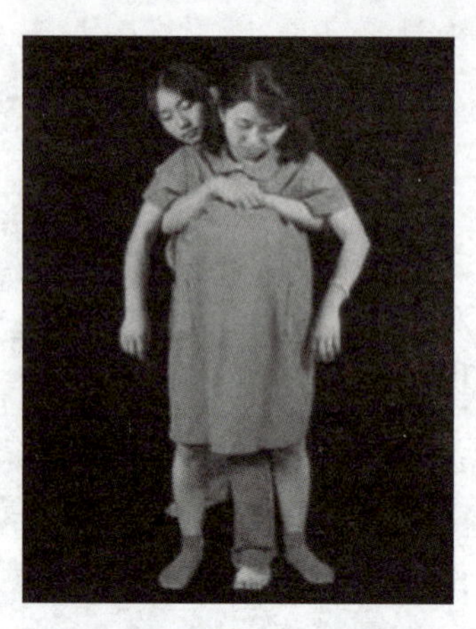
图 6.7　妊娠晚期站立胸部冲击

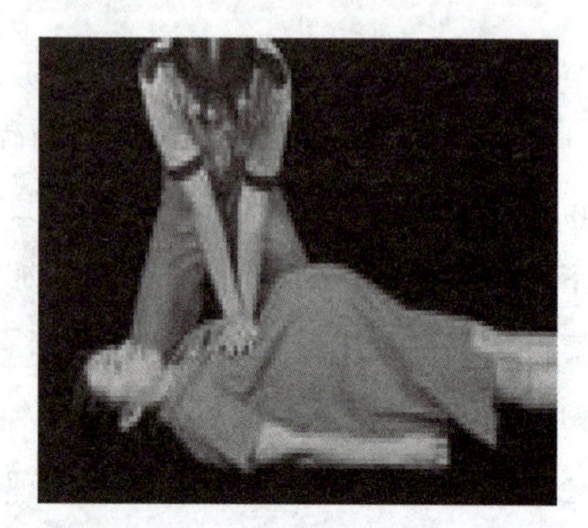
图 6.8　妊娠晚期仰卧胸部冲击

③ 自我冲击手法：适用于突发意外而无他人在场时。

方法：施救者一手握拳，将拇指侧朝向腹部，放于脐与剑突连线的中点。另一手抓住握拳手，使用快速移动的方法将膈肌向内向上按压，即海姆立克手法。也可将腹部快速顶住椅背、桌缘等坚硬物表面进行冲击，如图 6.9 和图 6.10 所示。

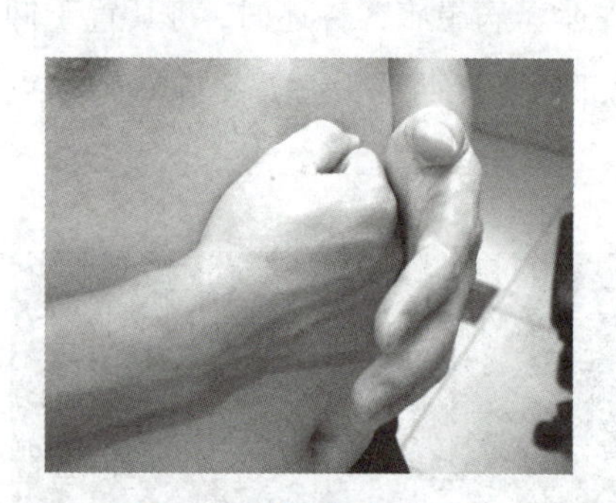
图 6.9　拳部自我冲击法

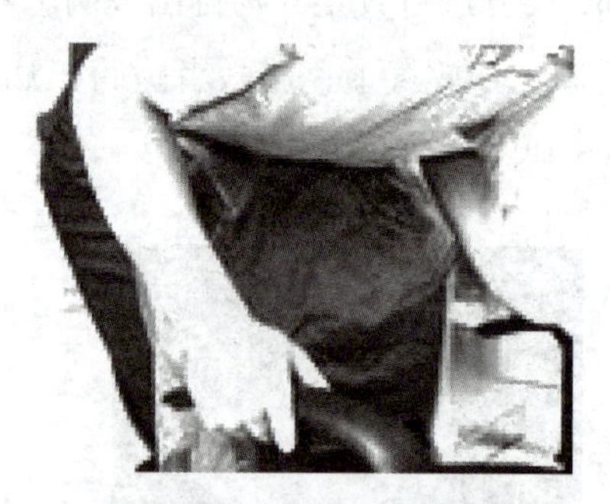
图 6.10　使用椅子自我冲击法

④ 拍背法和胸部手指猛击法：适用于婴幼儿。

方法：施救者以前臂支撑在自己的大腿上，婴儿面朝下骑跨在前臂上，头低于躯干，施救者一手固定其双侧下颌角，用另一手掌跟部用力拍击婴儿两肩胛骨之间的背部，使其吐出异物。如果无效，可将患儿翻转过来，面朝上，放在大腿上，托住其背部，头低于躯干，用食指和中指猛压其两乳头连线中点下方一横指处。必要时两种方法反复交替进行，直至异物排出，如图 6.11 和图 6.12 所示。

（3）对呼吸停止者进行人工呼吸。

（4）发生窒息，未采取急救措施，不要着急送医院。

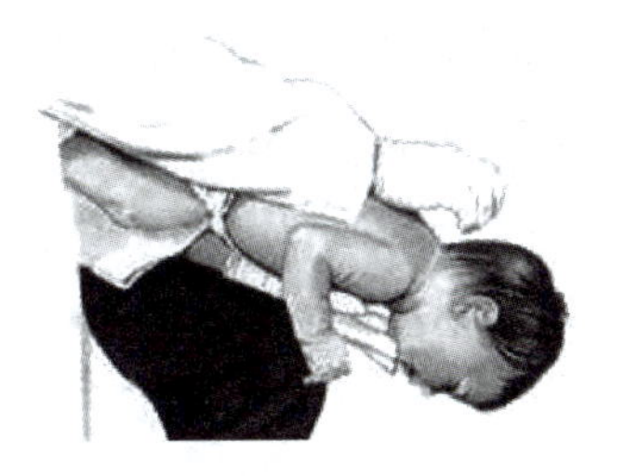

图 6.11　婴幼儿拍背法

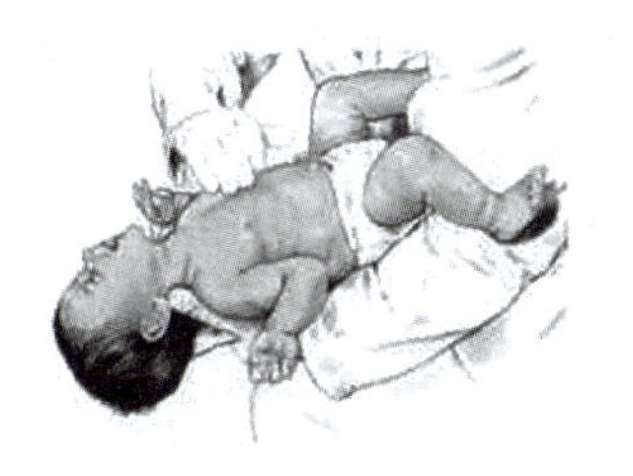

图 6.12　婴幼儿手指猛击法

（5）拨打“120”急救电话，在急救医生到来之前，应采取必要的急救措施：如心肺复苏术。

（6）针对异物落入呼吸道深的病患，应将其就近送到有耳鼻喉科的医院，由专业医生取出异物。

注意事项

清除呼吸道异物

呼吸道异物的清除常用拍背法和手拳冲击法，前者可使呼吸道瞬间压力升高，后者使呼吸道压力增高持久。应密切注意患者的意识、面色、瞳孔等变化，如有好转，可继续做几次；如患者的意识由清楚转为昏迷或面色紫绀、颈动脉搏动消失、心跳呼吸停止，应停止排除异物，而迅速做心肺复苏术。

二、窒息

（一）定义

人体的呼吸过程由于某种原因受阻或异常，所产生的全身各器官组织缺氧，二氧化碳滞留而引起的组织细胞代谢障碍、功能紊乱和形态结构损伤的病理状态称为窒息。

（二）主要症状

呼吸极度困难，口唇、颜面青紫，心跳加快而微弱，病患旅客处于昏迷或者半昏迷状态，紫绀明显，呼吸逐渐变慢而微弱，继而不规则，到呼吸停止，心跳随之减慢而停止。瞳孔散大，对光反射消失。

（三）急救方法

（1）立即解除窒息原因或使患者脱离窒息场所。

（2）保持呼吸道通畅和吸入足够空气或纯氧。如呼吸停止应立即做人工呼吸。

（3）呼吸和脉搏恢复后应保持恢复体位（复原卧位）密切观察。

（4）尽快寻求医务人员帮助。

三、支气管哮喘

（一）定义

支气管哮喘是由多种细胞（如嗜酸性粒细胞、肥大细胞、T淋巴细胞、中性粒细胞、气道上皮细胞等）和细胞组分参与的气道慢性炎症为特征的异质性疾病，这种慢性炎症与气道高反应性相关，通常出现广泛而多变的可逆性呼气气流受限，导致反复发作的喘息、气促、胸闷和（或）咳嗽等症状，强度随时间变化。

（二）主要症状

（1）呼吸困难：出现胸闷、胸部紧迫甚至窒息感，胸部似被重石所压，10～15分钟后发生呼吸困难，并带有哮鸣音。病患旅客被迫端坐，不能平卧，头向前俯，两肩耸起，两手撑膝，用力喘气。发作可持续几十分钟到数小时，自行或治疗后缓解。

（2）咳嗽、咯痰：于先兆期因支气管黏膜过敏而引起咳嗽。一般为干性无痰咳嗽，程度不等。至发作期咳嗽减轻，以喘息为主。待发作接近尾声时，支气管痉挛及黏膜水肿减轻，大量分泌物得以排出，而咳嗽、咯痰症状加重，咳出较多稀薄痰液或黏液性痰栓。若合并感染时，可咯出脓性痰。少数病患旅客以咳嗽为唯一的表现。

（3）其他：支气管哮喘发作较严重、时间较久者，可有胸痛。部分病患旅客也可有呕吐甚至大小便失禁。当呈重度持续发作时，有头痛、头昏、焦虑和病态行为，以及神志模糊、嗜睡和昏迷等精神神经症状。若合并感染，则可有发热。发作过后多有疲乏、无力等全身症状。

（三）急救方法

（1）吸入湿化氧气，以纠正缺氧，使痰液变稀薄。

（2）用气雾剂起效较快，按压气雾器阀门2次吸入，往往在吸入后2～5分钟内即可起效。

（3）广播找医生，如呼吸困难，可进行气管插管。

（4）休息，消除紧张、恐惧心理。

（5）针刺穴位，刺定喘、憎中、内关、神门等穴位。

（6）出现呼吸停止，应立即进行人工呼吸。

知识链接

气 雾 剂

气雾剂系指药物和抛射剂共同封装于带有阀门的耐压容器中，使用时借抛射剂气化所产生的压力，定量或非定量地将药物以雾状喷出的制剂。喷出药物经呼吸道或皮肤、黏膜吸收产生效用。

第四节 机上流产与分娩

一、机上流产

妇产科大夫不建议怀孕前 3 个月的孕妇乘坐飞机，因为怀孕最初 3 个月是胚胎细胞分化期，也是易发生流产的时期，此时，飞机上的压力、噪声、空气等环境都有可能对孕妇造成不良影响。

（一）定义

妊娠不足 28 周、胎儿体重不足 100 克而终止者称流产。在飞行过程中发生的流产称为机上流产，多发生在妊娠 12 周内，属于早期自然流产。如处理不当或处理不及时，可能遗留生殖器官炎症，或因大出血而危害孕妇健康，甚至威胁生命。

（二）表现症状

（1）阴道流血并伴有腰腹部间歇性疼痛。

（2）大量出血可发展成一定程度的休克。

（3）从阴道内清除了胎儿胎盘及胎膜（小胞衣）即流产完成，流血即停止。

（三）处理方法

遇有孕妇出现流产症状后，乘务员对出现状况的孕妇进行询问和观察。乘务长将情况报告给机长，并广播寻找医生，由机长做出判断并决定飞机是否返航或备降。如果需要，机长会与地面取得联系，让其做好抢救准备。同时乘务组立即按照下面步骤进行急救。

（1）将妊娠旅客的座位调整到舒适座位，同时将相邻旅客调到其他位置，并尽量用帘子将孕妇与舱内其他乘客隔开。

（2）让孕妇在铺有大块消毒的、吸水纸（毛巾）上躺好，保持头低脚高位以防休克，同时注意保暖。

（3）准备大量热水、垫布、敷料和卫生纸。

（4）检查脉搏、血压及呼吸频率等生命体征。

（5）如果疼痛严重，可酌情服用止痛药，如 2 片扑热息痛。

（6）将排出的妊娠物收集并保存于生物有害物专用垃圾袋，以备医生或助产士检验。

（四）记录并报告

（1）按各航空公司的相关要求，填写报告单，记录处置情况。

（2）不完全性流产会大量出血不止，可能发生休克，从而威胁生命。必须备降快速将其送往医院治疗。

二、机上分娩

航空公司规定，怀孕满 32 周，但不足 35 周的孕妇乘机应持有效的医疗单位医生证明文件（该文件应该在乘机前 7 天内签发有效）；怀孕 35 周（含）以上者、预产期在 4 周（含）以内者、预产期临近但无法确定准确日期但已知为多胎分娩或有分娩并发症者，不予承运。

（一）定义

分娩特指胎儿脱离母体成为独立存在的个体的时期和过程。在飞行过程中发生的分娩称为机上分娩。大多数情况下，分娩是一种自然的现象而不是应急事件。乘务员的作用是帮助母亲分娩婴儿。

（二）表现症状

腰背部酸痛、腹部阵发性疼痛。可能有黏液，少量见血（不是流血）。腹部痉挛般的疼痛，以 10～20 分钟的间隔持续 30 秒至 1 分钟。羊水可能先破裂，造成突然喷流或缓慢地渗水。

如果疼痛是以 10 分钟或者更长时间的间隔，则有足够的时间让飞机着陆。

（三）分娩前的准备

遇有孕妇出现早产症状后，乘务员会对出现状况的孕妇进行询问和观察。乘务长会将情况报告给机长，并广播寻找医生，由机长做出判断并决定飞机是否返航或备降。如果需要，机长会与地面取得联系，让其做好抢救准备。同时乘务组立即按照下面步骤进行急救。

（1）收集可以得到的供给品：干净的毛毯、内衣裤、报纸、枕头、急救工具包、乳胶手套、温开水、塑料纸、清洁袋、卫生巾。

（2）安置母亲：移到适当的分娩区。让母亲仰卧位躺下，双腿分开，双膝弯曲和双脚平放。使用 1 个或 2 个枕头来垫高她的头部和肩部。在她的臂部底下垫上折叠的毛毯，使得分娩容易一些。在她产道开口之下放上另外的毛毯，在双腿和在腹部各放一块，把它搭在每条腿之上。

（四）临产

（1）让一个人在母亲的头侧待着。

（2）婴儿出生。

① 婴儿在出生时可能面部朝下，并且将自然地转到耻骨之下。

② 当婴儿出来时，用手臂支撑其头部和身体，把其引导出来，但不要拉，不要接触到母亲的皮肤。

③ 如果是头在胎膜内的情况下生出来的，则在头的背部撕开，直到把胎膜撕裂为止。

④ 如果脐带绕在婴儿的颈上，则轻柔地把它移出婴儿的颈部。

⑤ 当脚出来时，侧着放下婴儿，让其头部稍低于其身体。这样做是为使血、液体和黏液从嘴和鼻子中流出来，便于擦拭。

（3）注意出生的具体时间。

（4）促使婴儿呼吸。

① 轻柔但有力地擦婴儿的背部，用食指按婴儿的脚底。

② 如果婴儿不哭也不呼吸，则进行急救人工呼吸。

（5）不要切断脐带。如果婴儿通过脐带仍保持和胎盘联系在一起，直到母亲抵达医院为止，不会造成伤害。

（五）产后

（1）用干净的覆盖物包上婴儿并且把婴儿侧身，头向下放在母亲的上大腿区。

注：脐带的长度大约为 30 厘米，把其放在大腿上，母亲能够一只手一直放在她的婴儿身上而用另一只手按摩自己的子宫。

（2）帮助母亲产出胎盘。

① 当婴儿出生时停止的分娩疼痛再次短暂出现时，胎盘开始产出。

② 在大多数情况之下，母亲将在婴儿出生后的几分钟之内排出胎盘。

③ 让母亲轻柔地在靠近脐部的子宫顶部上进行按摩。

④ 把产出的胎盘放在塑料袋之内并且保存好。记住，胎盘通过脐带仍然连接到婴儿身上。

（3）控制流血。

① 产出胎盘始终伴随着一些子宫流血，因此在母亲身上放一块卫生巾。

② 在不进行挤压的情况下，让母亲放低腿并让它们合拢在一起，垫高她的脚。

③ 让母亲轻柔地按摩她子宫顶部，帮助子宫收缩以减少流血。

（4）为母亲提供舒适感。

① 保持与母亲的接触，并且在整个分娩过程中和在产后提供感情上的支持。

② 保持母亲尽可能的舒适和温暖。如果她需要的话，给她饮料。

第五节　机上其他常见疾病

一、休克

（一）定义

休克是机体遭受强烈的致病因素侵袭后，由于有效循环血量锐减，组织血流灌注广泛、持续、显著减少，致全身微循环功能不良，生命重要器官严重障碍的综合征候群。

（二）主要症状

（1）初期：神志尚清，指端和面容苍白，恶心，呕吐，出冷汗，脉搏细而快，脉压差小。

（2）中期：神志涣散或恍惚，皮肤四肢湿冷，口唇四肢轻度紫绀，呼吸浅而快，血压下降。

（3）晚期：昏迷状态，呼吸急促表浅，脉搏细弱或不能触及，血压降低或检测不出等。

（三）急救方法

（1）安静平卧，头部放低，垫高下肢（头部有外伤时，头抬高 30° 同时下肢抬高 20°）。

（2）立即吸氧。

（3）针刺内关、涌泉、足三里穴，需强刺激。

（4）广播寻求援助者（医师）参加抢救，密切观察脉搏、呼吸、血压的变化。

（5）立即报告地面，让其做好急救准备。

知识链接

涌　泉　穴

涌泉穴是足少阴肾经的常用要穴之一，位于足底部，蜷足时足前部凹陷处，在足底第 2、3 跖趾缝纹头端与足跟连线的前 1/3 与后 2/3 交点上，如图 6.13 所示。

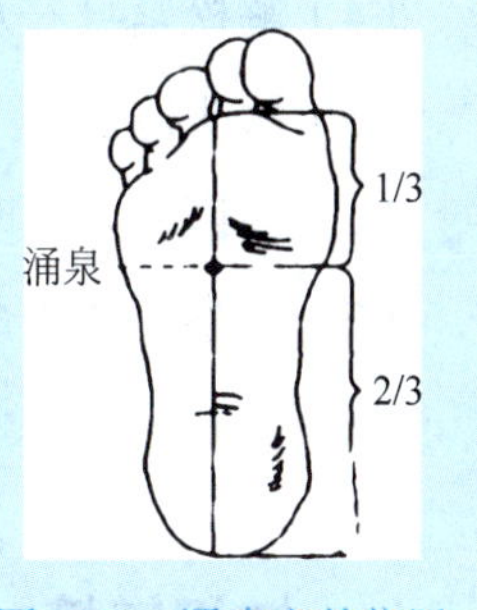

图 6.13　涌泉穴的位置

二、晕厥

（一）定义

晕厥是因各种原因导致一过性脑供血不足引起的意识障碍。

（二）主要症状

（1）发作前症状：视力模糊；耳鸣；神志恍惚；口腔内充满唾液，恶心、呕吐；脸色苍白；眩晕、黑视；虚弱、全身乏力；冷而黏湿的皮肤，全身出汗。

（2）发作时症状可分三个阶段。

① 意识模糊伴呕吐，面色蜡样苍白，肢体无力，摇晃欲倒，头低垂于胸前。

② 继上述 10 秒后，意识完全丧失，全身肌张力消失，病患旅客跌倒，背部伸直，眼睛向上转。

③ 垂危，出现强直性痉挛，呈角弓反张双拳紧握 1～2 秒。

（三）急救方法

1. 发作前

（1）仰卧、头低位（头低脚高）让病患旅客在其头部低于心脏的情况下坐下或者在把病患旅客的脚垫高情况下让其躺下。

（2）解松紧身衣物，颈部纽扣。

（3）额头冷敷。

2. 发作时

（1）在让患者头低于心脏的情况下坐下或者在把病患旅客的脚垫高的情况下让其躺下。

（2）氧气吸入。

（3）如果有呼吸和脉搏的话，在病患旅客的鼻底下挥动氨水吸入剂。

（4）解松紧身衣及颈部纽扣，使其保持呼吸道通畅。

（5）额头冷敷。

（6）当恢复知觉时，消除病患旅客的疑虑并提供热饮料。

（7）观察重要生命体征。

注：如果失去知觉则立即通知机长，并考虑其他的严重情况。

知识链接

冷敷和热敷

冷敷其作用机制就是降低人体局部的温度，温度降低的情况下，血液循环速度会降低，神经传导会减速，与此同时会减少炎症渗出。而热敷则相反，热敷会加快局部血液循环，神经传导速度加快，有炎症渗出的情况下会加快渗出。

一般来说，在急性期，应用冰敷，如急性踝扭伤，急性落枕等。在慢性期，热敷可以促进血液循环，加强局部代谢。

三、急性酒精中毒

（一）定义

急性酒精中毒是指一次性大量饮入含有酒精的饮料而造成的急性酒精中毒，俗称醉酒。

（二）主要症状

呼气中有酒精气味；嗜酒；部分或完全失去意识；脸红，继而又变苍白；脉搏跳动强烈，随后又变弱；如同睡觉般地呼吸；行为神志不清；讲话含糊，协调能力下降；恶心、呕吐。

注：患急性糖尿病的人通常犹如喝醉酒。

（三）急救方法

（1）不允许再喝酒，轻症无须治疗，但要注意保暖让其休息。

（2）提防呕吐或抽搐，呕吐时防止误吸。

（3）提供无酒精的饮料，建议不要进食咖啡因。

（4）鼓励进食，特别是高蛋白食品如花生仁等。

（5）鼓励睡觉。

（6）观察重要生命体征。

四、抽搐

（一）定义

抽搐为常见的症状，虽常见于癫痫，但不等于癫痫，因抽搐尚有其他原因如：发热、破伤风、狂犬病、中毒、脑部疾病等。

（二）主要症状

突然意识模糊或丧失，两眼上翻斜视，双手握拳，全身僵直，肌肉变僵硬，通常持续几秒钟到半分钟，随后是阵发性抽搐动作。在僵硬期间，病患旅客可能会停止呼吸，呼吸不规则或暂停，咬他 / 她自己的舌头，或大小便失禁，皮肤先苍白后紫绀，嘴吐泡沫或淌口水，瞳孔散大。

（三）急救方法

（1）请不要让病患旅客保持静止不动或者试图在抽搐期间搬动他 / 她或试图把任何东西放入病患旅客的嘴巴内。

（2）保护好病患旅客使其不受伤，清除身上锐利的物体，在周围垫上枕头。

（3）如果病患旅客呕吐，则应给予方便呕吐的姿势，让其呕吐。

（4）在抽搐结束后，检查生命体征。

（5）让病患旅客保持休息。如需要的话，则给予吸氧。

（6）提供安静环境，保护病患旅客不受困扰。

注：症状往往是随着时间的推移而逐渐减弱的。如果发作时间超过 10 分钟或者反复发作，则要尽快获得医学专业人员的帮助。

五、换气过度综合征

（一）定义

换气过度综合征这类病患旅客多有焦虑及癔症性格倾向，发作常与不安、过度紧张、恐惧等情绪有关。

（二）主要症状

呼吸急促，深呼吸；头晕目眩；手、脚和嘴唇麻木和发抖，尤其是手和脚僵硬和肌肉痉挛；失去平衡；昏厥；可能失去知觉。

（三）急救方法

（1）通过高声讲话，让病患旅客有意识地放慢呼吸的速率。

（2）可用硬纸片围成喇叭状罩在患者的口鼻处，增加呼吸的无效腔，让呼出的二氧化碳重新被吸入体内，从而改善碱中毒的症状。

（3）如果病患旅客坚持认为需要氧气并且不能安静下来，则给予活动氧气瓶和面罩。

注：如果对换气过度或是呼吸系统疾病持有疑虑，则给予氧气，因为氧气不会加重病情。

六、晕机

（一）定义

晕机在医学上称为晕动症，是汽车、轮船或飞机运动时所产生的颠簸、摇摆或旋转等任何形式的加速运动，刺激人体的前庭神经而发生的疾病。

（二）主要症状

晕机乘客感觉上腹不适，继而恶心、面色苍白、出冷汗，随即有眩晕、精神抑郁、唾液分泌增多和呕吐。

（三）急救方法

（1）发生晕机时，最好是静卧休息或闭目养神。

（2）不可进食饮水。

（3）有恶心、呕吐等征兆时，可做深呼吸。

（4）有条件的，用热毛巾擦脸；或在额头放置凉的湿毛巾。

（5）当发生晕机时，可用大拇指掐内关穴。

（四）注意事项

如果是老人出现头昏、呕吐、恶心、出冷汗等征兆，切勿考虑为晕动症，因为老年人前庭器官功能较迟钝，对运动反应不太敏感，一般不会发生晕动症。同时，心脑血管急症（如心肌梗死、中风）患者也有以上症状，所以应尽快找医务人员处理较妥。

七、压耳

（一）定义

当飞机迅速升降时，周围的空气压力骤然改变，内耳组织无法迅速做出反应，耳咽管内的气压和外耳的气压不同，造成一时的阻塞，听力失敏的现象也就是俗话中说的“压耳朵”，简称压耳。

（二）主要症状

由于鼓室内外的压力差，导致出现耳痛、耳鸣、耳聋甚至眩晕等症状。

（三）应急方法

做促使咽鼓管张开的动作，使耳膜内的压力可以及早做出调整。比如打哈欠、咽口水、吃东西、喝饮料等，或者可以按住鼻子出气。

乘飞机前可以用麻黄素滴鼻腔内，减轻咽鼓管口黏膜肿胀。

知识链接

麻　黄　素

麻黄素为拟肾上腺素药。能兴奋交感神经，药效较肾上腺素持久；能松弛支气管平滑肌，收缩血管，有显著的中枢兴奋作用。

八、腹痛

（一）定义

腹痛是临床常见的症状，多由腹内组织或器官受到某种强烈刺激或损伤所致，也可由胸部疾病及全身性疾病所致。

（二）急救办法

（1）让病患旅客保持安静，取俯卧位可使腹痛减轻，可用双手适当压迫腹部使疼痛缓解。

（2）令病患旅客俯卧床上，蜷起双腿，屈膝、放松腹部，如腹部僵硬、压痛明显，则用手指压住疼痛部位，然后猛然抬手。

（三）注意事项

（1）腹痛伴发热往往提示有感染，应及时、适量应用抗生素。

（2）腹痛剧烈而病因尚未查清前，慎用止痛药，忌用吗啡、哌替啶类药物。

（3）外科疾病忌用泻剂、刺激肠蠕动药物和灌肠，以免疼痛加剧和病情恶化。

（4）对于慢性间歇性发作的腹痛，不能掉以轻心。

（5）不能缓解，持续或剧烈的腹痛应住院及时治疗。

九、头疼

（一）急救方法

（1）让病患旅客在座位上先休息，然后多饮开水，进流质或半流质食物。

（2）无论偏头痛部位在何处，均可用冷水毛巾或热水毛巾敷前额止痛。

（3）头痛难忍时，用双手手指按压两侧的太阳、合谷等穴位，通常可以减轻头痛。

（4）止痛药对头痛通常有效，但要观察服用止痛药是否会掩盖病情，同时注意是否引起过敏性皮疹等。

（二）禁止

忌吃油腻煎炸食物；可进食清淡、半流质食物及葱姜热汤面、香菜肉末粥等具发散解表作用的食品；保持室内空气新鲜，温湿度适宜，防止病患旅客直接吹风。

（三）注意事项

（1）可喝一杯热牛奶或一小碗热稀粥，加盖衣被，静卧休息。

（2）轻度头痛可服用止痛药而不用休息。如果有剧烈头痛，则必须卧床休息。环境要安静，室内光线要柔和。另外，还要注意观察病患旅客的神志是否清醒，有无面部及口眼歪斜等症状的出现。

知识链接

合　谷　穴

合谷穴：在手背，第1、2掌骨间，第2掌骨桡侧的中点处，如图6.14所示。

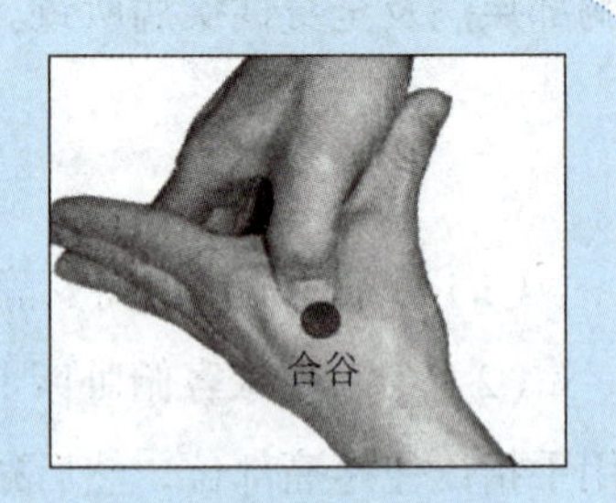

图6.14　合谷穴的位置

十、牙疼

（一）主要症状

牙痛是多种牙齿疾病和牙周疾病常见症状之一，其特点以牙痛为主，牙龈肿胀，咀嚼困难，口渴口臭，或时痛时止，遇冷热刺激痛、面颊部肿胀等。

（二）急救方法

（1）用盐水或酒漱口几遍，可减轻或止住牙痛。

（2）用手摩擦或用手指按摩压迫合谷穴（手背虎口附近），可减轻疼痛。

（3）牙若是遇热而痛，多为积脓引起，可用冰袋冷敷颊部，疼痛也可缓解。

（三）注意事项

（1）牙齿重在保健，防止牙痛的关键在于保持口腔卫生，所以要养成早晚刷牙、饭后漱口的好习惯。

（2）脾气急躁，容易动怒会诱发牙痛，故宜心胸豁达，情绪宁静。

（3）止痛不等于治疗，当用上述方法不能止痛时，应及时送往医院进行急诊治疗。

十一、发烧

（一）定义

正常人在体温调节中枢的调控下，机体的产热和散热过程保持动态平衡，当机体在致热源作用下或体温中枢的功能障碍时，使产热过程增加，而散热不能相应地随之增加或散热减少，体温升高超过正常范围，称为发烧。

（二）急救方法

机上发烧急救：可给旅客送杯热水，如高热可用冰敷，并给旅客盖好毛毯。也可调整旅客到其他空余座位休息。如旅客发生休克，启动机上应急医疗处置程序。

注意事项

发　　烧

（1）卧床休息。发烧时请卧床休息，以利于恢复体力，早日康复。

（2）补充水分。发烧时体内水分的流失会加快，因此宜多饮用开水、果汁、不含酒精或咖啡因的饮料。

（3）避免穿过多的衣服或盖厚重的棉被，因为这会使身体不易散热，加重发烧、不适。

（4）定期服药。遵照医生嘱咐，定时定量服用药物。

十二、烫伤

（一）定义

烫伤是指热液、蒸汽等所导致的组织损害，在临床上一般与其他热力造成的伤害统称为烧伤。

（二）烫伤的分类

根据损伤深度不同，烫伤可分为三度四型。

一度烫伤：伤及表皮颗粒层。

浅二度烫伤：伤及真皮浅层，保留部分生发层。

深二度烫伤：伤及真皮深层，残留部分网状层。

三度烫伤：伤及皮肤全层，甚至深部骨骼、肌肉等。

根据严重程度分型分为轻度、中度、重度、特重四个级别。

轻度烫伤：烫伤面积在 9% 以下的二度烫伤。

中度烫伤：烫伤总面积在 10%～29%，或三度烫伤面积不足 10%。

重度烫伤：烫伤面积在 30%～49%，或三度面积在 10%～19%，或烫伤面积不足 30%，但有下列情况之一者：较重的复合伤，已有休克或全身情况较重，中、重度吸入性损伤。

特重烧伤：总面积达到 50% 以上，或三度烫伤面积在 20% 以上。

（三）急救方法

一旦发生烫伤，应先降低烫伤皮肤温度，减少烫伤处的进一步损伤，同时用水冲洗也能减少疼痛。立即将被烫部位放置在流动的水下冲洗或是用凉毛巾冷敷，可使用急救箱中的外用烫伤药膏。

注意事项

烫　伤

Ⅲ级烫伤、触电灼伤以及被化学品烧伤务必到医院就医。Ⅱ级烫伤如果面积大于手掌，也应尽快送医治疗。

十三、抽筋

（一）定义

抽筋医学上称为肌肉痉挛，是一种肌肉自发的强直性收缩。发生在小腿和脚趾的肌肉痉挛最常见，发作时疼痛难忍。

（二）主要症状

抽筋是指肌肉突然不自主地强制收缩而造成肌肉僵硬、疼痛的现象。一般发生突然，而且剧烈，但是持续的时间不长，只有几秒钟到几分钟。

（三）急救方法

（1）可以帮助患者按摩或牵拉受累的肌肉，以减轻患者的疼痛。反复牵拉，直到症状缓解。

（2）抽筋缓解后，如果仍有疼痛，可在局部使用热水袋或热毛巾，或者洗热水澡。

（3）改卧为坐，伸直抽筋的腿，用手紧握前脚掌，忍着剧痛向外侧旋转抽筋腿的踝关节，可缓解疼痛。

十四、癫痫

（一）定义

癫痫即俗称的“羊角风”或“羊癫风”，是大脑神经元突发性异常放电，导致短暂的大脑功能障碍的一种慢性疾病。

（二）主要症状

典型的癫痫大发作表现是，突然意识丧失，尖叫一声倒地，全身抽搐，口吐白沫，翻白眼，有时可咬破唇舌，尿失禁，瞳孔散大。发作后可有头痛。另外，还有不同原因引起的癫痫小发作，表现形式各异，易被忽视，空勤人员应给予特别注意和重视。对怀疑有此病的旅客，应做全面检查，严防空中突然失能的发生。

（三）急救方法

（1）顺势使其躺倒，防止意识突然丧失而跌伤，迅速移开周围硬物、锐器，减少发作时对身体的伤害。

（2）迅速松开病患旅客衣领，使其头转向一侧，以利于分泌物及呕吐物从口腔排出，防止流入气管引起呛咳、窒息。

（3）不要向病患旅客口中塞任何东西，不要灌药，防止窒息。不要去掐患者的人中，这样对患者毫无益处。

（4）不要在患者抽搐期间强制性按压患者四肢，过分用力可造成骨折和肌肉拉伤，增加病患旅客的痛苦。

（5）癫痫发作一般在5分钟之内都可以自行缓解。如果连续发作或频繁发作时应尽快把病患旅客送往医院进行诊疗。

第六节　高原疾病的处理

医学上把海拔3 000米以上的地区称为高原地区。未经适应而迅速进入3 000米以上高原，或由海拔较低的高原进入海拔更高的地区，因寒冷、呼吸道感染、体力负荷过度而加重肌体缺氧程度，或在长期处于低氧环境后，个体适应能力不足或代偿反应过度，一部分人可能会发生急、慢性高原疾病。

一、高原疾病急救概述

（一）原因

海拔高度达到2 700米左右时，身体为适应因海拔高度而造成的气压差、含氧量少、空气干燥等的变化，会产生自然生理反应。

（二）症状

一般表现为：头痛、头晕、气短、胸闷、厌食、微烧、头昏、乏力等。部分人因含氧量少而出现：嘴唇和指尖紫绀、嗜睡、精神亢奋、呼吸急促（正常值15~20次/分）、心率加快（正常值80~100次/分）、血压升高、失眠，嘴唇干裂、鼻孔出血等。

（三）急救原则

（1）休息及保暖。患者应减少活动，甚至完全休息，用毛毯、衣物等方便措施保暖，休息睡眠时保持半坐位或将头垫高，给予加酸热甜饮料（酸饮料加柠檬或热甜茶）或其他酸性合剂。

（2）吸氧。给急性高原病患者吸氧可以缓解患者恐惧高原的心理，使病患旅客的情绪尽快地稳定下来。吸氧可以改善及减轻患者的呼吸暂停症并可防止病情的进一步发展。患者吸氧时宜采用持续性、低流量给氧，氧气流量以每分钟 2 升比较合适。间断性的给氧方式是禁止的，因为间断性吸氧常使身体延迟对高原环境的适应时间。但是，不要一开始就让旅客吸氧，尽量要自身适应它。

二、急性高原反应

（一）定义

急性高原反应指未适应者一天内进入高原地区 6～24 小时发病，出现双额部疼痛、心悸、胸闷、气短、厌食、恶心和呕吐等。中枢神经系统症状与饮酒过量时表现相似。有些病例出现口唇和甲床紫绀。通常在高原停留 24～48 小时后症状缓解，数天后症状消失。少数可发展成高原肺水肿和（或）高原脑水肿。

（二）临床症状

（1）有头痛、头昏、恶心、呕吐、心慌气短、胸闷胸痛、失眠、嗜睡、食欲减退、腹胀、手足发麻等症状，经检查不能用其他原因解释者。评价症状的程度主要依据头痛和（或）呕吐的程度（轻、中、重度），并结合其他症状。

（2）休息时仅表现轻度症状如心慌、气短、胸闷、胸痛等，但活动后症状特别显著。

（3）有下列体征，如脉搏显著增快，血压轻度或中度升高（也有偏低），口唇和（或）手指紫绀，眼睑或面部水肿等。

（三）急救方法

（1）休息及保暖。患者应减少活动，甚至完全休息，用毛毯、衣物等方便措施保暖，休息睡眠时保持半坐位或将头垫高，给予加酸热甜饮料（酸饮料加柠檬或热甜茶）或其他酸性合剂。

（2）吸氧。给急性高原病患者吸氧可以缓解患者恐惧高原的心理，使病患旅客的情绪尽快地稳定下来。吸氧可以改善及减轻患者的呼吸暂停症并可防止病情的进一步发展。患者吸氧时宜采用持续性、低流量给氧，氧气流量以每分钟 2 升比较合适。间断性的给氧方式是禁止的，因为间断性吸氧常使身体延迟对高原环境的适应时间。但是，不要一开始就让旅客吸氧，尽量要自身适应它。

三、高原肺水肿

（一）定义

高原肺水肿是指近期抵达高原（一般指海拔 3 000 米以上），出现静息时呼吸困难、胸闷、胸部压塞感、咳嗽、咳白色或粉红色泡沫痰，患者全身乏力或活动能力减低。海拔3 000米以下也可能出现高原肺水肿。

（二）临床症状

发病多见于海拔3 000米以上地区。初次进入或重返高原者，在进入高原1~7天内起病，乘飞机进入高原者多在3天内发病。症状有头痛、呼吸困难、不能平卧、咯白色或粉红色泡沫痰，检查见紫绀或面色土灰，肺部有大、中型湿啰音及痰鸣音等。

（三）急救方法

（1）充分休息，半卧位，两腿下垂，吸氧是治疗和抢救高原肺水肿的主要措施。病情严重者应加压高浓度给氧。有条件时用高压氧舱治疗。

（2）烦躁不安时，可用少量镇静剂。严禁大量饮水。

（3）一旦呼吸、心搏骤停，应立即进行心肺复苏。

四、高原脑水肿

（一）定义

高原脑水肿是由急性缺氧引起的中枢神经系统功能严重障碍。发病急，常在夜间发病，发病率低，但死亡率高。

（二）临床症状

高原脑水肿临床表现为一系列神经精神症状，最常见的症状是头痛、呕吐、嗜睡或烦躁不安、共济失调和昏迷。根据该病的发生与发展，将高原脑水肿分为昏迷前期（轻型脑水肿）和昏迷期（重型脑水肿）。

1. 昏迷前期

多数患者于昏迷前有严重的急性高原病症状，如剧烈头痛并呈进行性加重，显著心慌及气促，频繁呕吐，尿量减少，呼吸困难，精神萎靡，表情淡漠，反应迟钝，嗜睡或烦躁不安，随即转为昏迷。有极少数患者无上述症状而直接进入昏迷期。

2. 昏迷期

若在昏迷前期未能得到及时诊断与治疗，一般在数小时内转入昏迷。患者表现为意识丧失、面色苍白、四肢发凉、紫绀明显、剧烈呕吐、大小便失禁等。重症者可发生抽搐、心力衰竭、休克、肺水肿、严重感染和脑出血等，如不及时抢救，则预后不良。

（三）急救方法

（1）发现脑水肿和昏迷者，及时有效地改善脑组织缺氧是治疗的关键，应尽早给予高浓度、高流量吸氧，有条件者更应该及早给予高压氧治疗，可扩大血氧有效扩散范围，迅速纠正脑缺氧状态，打断脑缺氧－脑水肿的恶性循环。

（2）降低飞行高度。

五、高原心脏病

（一）定义

高原心脏病是高原病的一种临床类型，是由急慢性或慢性缺氧直接或间接累及心脏引起的一种独特类型的心脏病。通常多在海拔 3 000 米以上地区发病，临床多呈慢性进展，个别急速进入高原者也可突然发病。

（二）临床症状

高原心脏病的症状主要表现为：劳力性呼吸困难、心悸、胸闷、头昏、疲乏等症状，有时咳嗽，少数咳血，声音嘶哑，最终发生右心衰竭，有学者也报告患者时有头痛、头胀、兴奋、失眠或嗜睡、昏睡等症状。

急性高原心脏病多好发于儿童，急速进入高原后短期（多在 2 周内）发病，有明显的咳嗽、气促、烦躁不安、呼吸困难、夜啼不眠、拒奶等表现，常伴呼吸道感染。感染控制后症状无改善者更应注意本病的发生。幼儿患者往往病情重，发展快，应警惕其进展为急性心力衰竭。

（三）急救方法

（1）轻者宜减轻体力活动，重者需休息或卧床。

（2）积极防治呼吸道感染，必要时根据药物敏感试验选用有效抗生素治疗。

（3）一般以鼻导管或鼻塞给氧，低流量、间断使用，心力衰竭者可持续给氧并提高吸入氧浓度。

六、高原高血压

（一）定义

人到达高原初期，机体对低氧产生急性应激反应，交感神经系统活动增强，血中可以促使血压增高的生物活性物质儿茶酚胺类增多，心排血量增加，周围小血管收缩，引起血压升高，称为高原高血压。

（二）临床症状

高原高血压临床主要表现为一般心脑血管疾病的症状和体征，如心悸、气短、心脏扩大、心律失常及心功能不全等，同时伴有血压升高，有时发生高血压危象。

（三）急救方法

（1）病程短，症状轻，无明显心、脑、肾受损表现者，可对症处理。必要时适当应用镇静剂，保证足够的睡眠。加强锻炼，增强适应能力。

（2）血压增高较显著、症状明显者，应给予降压药治疗。如 β 受体阻滞剂、钙拮抗剂、转换酶抑制剂等，具体用法同高血压病。

（3）病程长、血压高、出现高血压脑病者，除用药物降低血压和颅内压以外，给予高浓度氧吸入治疗，有条件可用高压氧舱治疗。

（4）病情重，经积极治疗效果不明显，或心、脑、肾损害较重者，可转回低海拔地区医治。

知识链接

高原疾病的预防

进入高原前应对心理和体质进行适应性锻炼，如有条件者最好在低压舱内进行间断性低氧刺激与习服锻炼，以使机体能够在由平原转到高原缺氧环境时及时做出某种程度的生理调整。除了对低氧特别易感者外，阶梯式上山是预防急性高原病的最稳妥、最安全的方法。初入高山者如需进 4 000 米以上高原时，一般应在 2 500～3 000 米处停留 2～3 天，然后每天上升的速度不宜超过 600～900 米。到达高原后，无论发病与否均给予高压氧治疗，可有效预防脑水肿的发生。前两天避免饮酒和服用镇静催眠药，避免做重体力活动，但轻度活动可促进习服。避免寒冷，注意保温，主张多食用高碳水化合物。

七、空勤人员应对高原病的措施

高原病在 2 700 米以上即可发生，多发生在 4 000 米以上。一般高原反应无须特殊治疗，只需对劳动和休息做妥善地安排即可。随着对高山环境的适应，自觉症状也显著减少。

为保障机组人员完成航班飞行任务，预防高空缺氧对人体影响的措施如下。

（1）空勤人员如果发生高原反应，应首先吸氧，要求绝对卧床休息，严禁大量饮水，可酌情服用镇静剂，头痛时可口服去痛片，飞行人员可提前服用维生素 E 预防。

（2）空勤人员应选择易消化、产气少、维生素含量多的食物。

（3）机组人员执行飞行任务时在高原机场只作短暂停留过站，在此期间只要机组人员不做剧烈活动，注意吸氧，就可减轻高原低气压带来的影响。

（4）患有慢性病的人员，包括心血管疾病、高血压、消化系统，胃及十二指肠溃疡和各种贫血的人不宜进入高原飞行。

（5）飞机上的增压座舱及供氧设备一定要保持良好状态。

（6）加强体育锻炼，以增强机体对低气压缺氧的耐受力。

（7）要保持充足的睡眠时间（10 小时以上）。

（8）高原机场除了存在低气压缺氧等情况外，还存在低温现象，机组人员应注意保暖。

第七节　机上死亡

一、定义

患者呼吸、心跳停止后，心肺复苏（抢救措施）已经进行 30 分钟以上，在此时间内没有生命迹象出现，使用自动体外除颤仪（AED）没有反应，进入生物学死亡阶段（脑死亡），可被医生宣布死亡或推测死亡。

二、处理方法

（1）立即报告机长，保护现场，用安全带把死者固定好。

（2）合上死者眼睛，用毛毯覆盖其身体至颈部。

（3）调整周围旅客的座位。

（4）如飞机满员没有空座，机组自行决定应把死者放于其他位置，但不能阻挡过道和紧急出口。

（5）填写死亡报告表，收集死者的遗物，保留该航班的旅客舱单。

（6）向其随从人员询问一些相关的联系信息。

（7）落地后应向有关部门如实汇报死者情况，并通知卫生部门对客舱进行处理。

三、记录并报告

航班上有人因伤病经抢救无效死亡时，乘务长必须在事发 24 小时内向客舱部业务主管部门递交书面报告，该报告必须包括以下信息：机组成员姓名以及航班号和机号；旅客的座位号、姓名、性别、大致年龄和住址；明显死亡的大致时间；至少三位目击者的姓名、住址、电话号码和陈述；如果有医生，记录处置此事件的医生姓名和住址。

经典案例

航班上，客舱经理与往常一样巡视客舱，认真观察、询问旅客的服务需求。当她走到后舱时，发现一名年纪稍大的外籍女士面色苍白、满头大汗。客舱经理立刻通知了正在准备旅客餐食的乘务长，在乘务员的帮助下，旅客拿出了自带药物并服下。为了确保旅客的健康状态，客舱经理为旅客测量了脉搏，脉搏为70次/分，在正常范围内。服过药的旅客似乎疼痛未减，黄豆大的汗珠从额头上滚落，表情非常痛苦。客舱经理赶忙用英语询问旅客有无疾病史，但该旅客不懂英文，无法沟通。

虽沟通不畅，有多年飞行经验的客舱经理当即判断旅客患有心脏病，赶紧广播寻找医生，同时报告机长机上患者情况，安排乘务长迅速拿出氧气瓶准备展开急救工作。非常幸运的是机上有一名医生，经询问她是北京医院的急诊科医生，她通过血压计为患者量了血压，血压偏高。由于语言沟通问题依然未解决，乘务长马上广播寻找俄语翻译，很快一名翻译到场解决了沟通不畅的问题。了解到患者53岁，有心脏病史，根据患者自述状况，医生当时便诊断为典型心绞痛。

当客舱经理将这件事报告给机长时，机长深知事关重大，第一时间联系塔台随时备降。而后客舱经理也马上回到了旅客身边，通过翻译和医生与旅客沟通，缓解其心理压力。就在此时，机上的一名中医也走过来帮忙，了解患者情况后，立即为患者按压了几处穴位。通过穴位按压急救，患者表示疼痛稍有缓解，但还是呼吸困难，双手不停颤抖。在此后的一个多小时里，客舱经理与乘务长全程对发病旅客进行心理疏导与安慰，并时刻关注患者病情变化。经过大家的共同努力，这位旅客病情终于渐渐好转。安全到达目的地后，乘务组在乘客下机时安排地服部协助给予旅客后续的帮助。旅客对于客舱经理和乘务员的细心与耐心以及医生的帮助表示深深的感激，并拥抱乘务员以示谢意。

问题：

1. 请谈谈该乘客突发了什么情况？

2. 请谈谈该抢救措施是否正确？为什么？

3. 请谈谈后续的处理原则是什么？

思考练习

1. 心绞痛、脑出血的定义是什么？主要症状有哪些？如何进行急救？

2. 胃痉挛、急性胃肠炎、急性胃出血的定义是什么？主要症状有哪些？如何进行急救？

3. 呼吸道梗阻、窒息的定义是什么？主要症状有哪些？如何进行急救？

4. 呼吸道梗阻急救的主要步骤是什么？

5. 机上旅客流产、分娩有哪些先兆？如何进行处理？

6. 休克、晕厥、急性酒精中毒、抽搐、换气过度综合征、晕机、压耳、腹痛、头疼、牙疼、发烧、被烤箱烫伤、抽筋、癫痫的定义是什么？主要症状有哪些？如何进行急救？

7. 机上旅客死亡如何处理？

实训任务书

旅客王某在机上吃零食时，由于特殊原因，食物进入气道，导致咳嗽微弱无力，吸气末带有高调喘鸣音，出现呼吸困难并逐渐加重，口唇和面色紫绀或苍白，请对旅客王某立即进行施救。

要求

1. 设裁判员 7 名，其中教师 1 名、学生 6 名。
2. 实训同学采取抽签形式决定先后顺序。
3. 裁判员让学生根据《呼吸道梗阻评分标准》快速准确地进行操作。
4. 时间为 5 分钟，时间结束则停止操作。

实训考核

学生完成实训后应如实填写实训报告，报告主要内容如下：实训目的；实训内容；本人承担的实训任务及完成情况；实训小结；实训评估（由教师完成）（见表 6.1）。

表 6.1 呼吸道梗阻评分标准

项目	内　容	分值	扣分标准	扣分
目的	尽快排出异物，保持呼吸道通畅	5	说不全	1～3

续表

项目	内　容	分值	扣分标准	扣分
操作步骤	1. 评估			
	（1）患者有无严重的气道梗阻征象：呼吸表浅、进行性呼吸困难，如无力咳嗽、紫绀、哭声无力、不能说话或呼吸。	10		
	问：是不是有东西呛进去了？			
	如患者不能说话（或无法发声），用点头表示时，表明是严重气道梗阻。		1. 未正确评估气道梗阻征象。	5
	（2）患者轻度气道梗阻：会咳嗽及发声。	5	2. 轻度梗阻处理方法不正确。	5
	2. 清醒患者处理方法			
	（1）梗阻较轻：嘱患者用力咳嗽。	5	3. 腹部冲击手法不正确。	5
	（2）梗阻严重：腹部冲击或胸部冲击。	5	4. 胸部冲击手法不正确。	5
	腹部冲击：一手握拳，握拳手拇指侧朝向患者腹部，放在脐与剑突连线中点，另一手抓住握拳手，使用快速向上的力量冲击患者腹部。重复冲击直至异物排出或患者转为昏迷（转为昏迷按昏迷患者处理方法）。如果腹部冲击无效，可考虑胸部冲击。	10	5. 不能说出胸部冲击的适应证。 6. 婴儿异物梗阻处理方法不正确。	2 5
	胸部冲击：适用于晚期妊娠或肥胖者。站于患者背后用双臂绕过患者腋窝，环绕其胸。一手握拳，握拳手拇指侧朝向患者胸骨中点，避免压于剑突或肋缘上，另一手抓住握拳手向后冲击，直至异物排出或患者转为昏迷（转为昏迷按昏迷患者处理方法）。	10	7. 昏迷患者处理方法不正确。 8. 仪表、态度、沟通，未体现人文关怀。	5 2
	（3）婴儿：5 下背部冲击（两肩胛骨连线中点），5 下胸部冲击（定位同心脏按压，频率慢于心脏按压）。重复以上步骤直至异物排出或转为昏迷（转为昏迷按昏迷患者处理方法）。	10	9. 操作不熟练。 10. 动作重复、存在多余动作。	酌情 1～3
	3. 昏迷患者处理方法		11. 动作不到位、不规范。	酌情
	（1）将患者仰卧位放到硬质的平面上。	5		
	（2）立即呼救。	5	12. 漏做动作为质量管理关键点。	0.5～2
	（3）开始 CPR，CPR 中每次开放气道时，抢救者应查看患者口腔有无异物并予以清除（简单地查看，不要在此环节花费太多时间，接着立即胸外按压）。	15		
	（4）专业人员看见固体异物梗阻于昏迷患者的口咽部时，可用手指挖出异物。未见异物时，不提倡常规进行盲目挖异物法。	15		

第七部分
机上突发公共卫生事件

传染病是一种能够在人与人、动物与动物之间或人与动物之间相互传播并广泛流行的疾病，已经成为制约人类发展的公共危害。作为民航乘务员，要掌握常见传染病的预防和处置流程，能够处置机上突发公共卫生事件。

第一节　传染病分类与传播途径

一、传染病的分类

根据传染病的危害程度和应采取的监督、监测、管理措施，参照国际上统一分类标准，结合中国的实际情况，将全国发病率较高、流行面较大、危害严重的39种急性和慢性传染病列为法定管理的传染病。

根据其传播方式、速度及其对人类危害程度的不同，分为甲、乙、丙三类，实行分类管理。

（一）甲类传染病

甲类传染病也称为强制管理传染病，包括鼠疫、霍乱。对此类传染病发生后报告疫情的时限，对病患旅客、病原携带者的隔离、治疗方式以及对疫点、疫区的处理等，均强制执行。

（二）乙类传染病

乙类传染病也称为严格管理传染病，包括新型冠状病毒肺炎、传染性非典型肺炎、艾滋病、病毒性肝炎、脊髓灰质炎、人感染高致病性禽流感、麻疹、流行性出血热、狂犬病、流行性乙型脑炎、登革热、炭疽、细菌性和阿米巴性痢疾、肺结核、伤寒和副伤寒、流行性脑脊髓膜炎、百日咳、白喉、新生儿破伤风、猩红热、布鲁氏菌病、淋病、梅毒、钩端螺旋体病、血吸虫病、疟疾。对此类传染病要严格按照有关规定和防治方案进行预防和控制。其中，新型冠状病毒肺炎、传染性非典型肺炎、炭疽中的肺炭疽、人感染高致病性禽流感虽被纳入乙类，但可直接采取甲类传染病的预防、控制措施。

（三）丙类传染病

丙类传染病也称为监测管理传染病，包括流行性感冒、流行性腮腺炎、风疹、急性出血性结膜炎、麻风病、流行性和地方性斑疹伤寒、黑热病、包虫病、丝虫病，除霍乱、细菌性和阿米巴性痢疾、伤寒和副伤寒以外的感染性腹泻病。

二、传染病的特点

传染病的特点是有病原体、有传染性和流行性，感染后常有免疫性。有些传染病还有季节性或地方性。

（1）病原体：每种传染病都是由特异性病原体引起，临床检出病原体对诊断具有重要意义。

（2）传染性：这是传染病与其他感染性疾病的主要区别。

（3）流行病学的特征包括如下几方面。

① 流行性：在一定条件下，传染病能在人群中广泛传播蔓延的特性称为流行性，按其强度可分为散发、流行、大流行、暴发。

② 地方性：受地理气候等自然因素影响，某些传染病局限在一定地区内发生，称为地方性传染病。

③ 季节性：某些传染病在每年一定季节出现发病率升高现象。

（4）免疫性：人体感染病原体后，均能产生针对病原体及其产物（如毒素）的特异性免疫。

三、传染病的传播途径

由于生物性的致病原于人体外可存活的时间不一，存在人体内的位置、活动方式不同，都影响了一个感染症传染的过程。为了生存和繁衍，这类病原性的微生物必须具备可传染的性质，每一种传染性的病原通常都有特定的传播方式，例如通过呼吸的路径，某些细菌或病毒可以引起宿主呼吸道表面黏膜层的形态变化，刺激神经反射而引起咳嗽或喷嚏等症状，然后重回空气等待下一个宿主将其吸入，但也有部分微生物则是引起消化系统异常，像是腹泻或呕吐，并随着排出物散布在各处。通过这些方式，复制的致病原随患者的活动范围可大量散播。

（一）空气传染

有些病原体在空气中可以自由散布，散布直径通常为5微米，能够长时间浮游于空气中，做长距离地移动，主要经由呼吸系统感染，有时也与飞沫传染混称。

（二）飞沫传染

飞沫传染是许多感染原的主要传播途径，患者咳嗽、打喷嚏、说话时，喷出温暖而潮湿的液滴，病原附着其上，随空气扰动短时间、短距离地在风中漂浮，由下一位宿主因呼吸、张口或偶然碰触到眼睛表面时黏附，造成新的宿主感染。例如，细菌性脑膜炎、水痘、普通感冒、流行性感冒、腮腺炎、结核、麻疹、德国麻疹、百日咳等。由于飞沫质、量均小，难以承载较重的病原，因此寄生虫感染几乎不由此途径传染其他个体。

（三）粪口传染

常见于卫生系统尚未健全、教育倡导不周的发展中国家，未处理之废水或病原污染物，直接排放于环境中，可能污损饮水、食物或碰触口、鼻黏膜之器具，以及如厕后清洁不完全，在饮食过程可导致食入者感染，主要病原可为病毒、细菌、寄生虫，如霍乱、A型肝炎、小儿麻痹、轮状病毒、弓形虫感染症，于发达国家也可能发生。有时，某些生物因体表组织构造不足以保护个体，可能因接触患者之排泄物而感染，正常情况下在人类族群中不会发生这种特例。

（四）接触传染

经由直接碰触而传染的方式称为接触传染，这类疾病除了直接触摸、亲吻患者，也可以透过共享牙刷、毛巾、刮胡刀、餐具、衣物等贴身器材，或是因患者接触后，在环境留下病原达到传播的目的。因此此类传染病较常发生在学校、军队等物品可能不慎共享的场所。

性传染疾病包含任何可以由性行为传染的疾病，因此属于接触传染的一种。由于艾滋病在世界上流行状况甚为严重，医学中有时会独立探讨，通常主要感染源为细菌或病毒，由直接接触生殖器的黏膜组织、精液、阴道分泌物或甚至直肠所携带之病原，传递至性伴侣导致感染。若这些部位存有伤口，则病原可能使血液感染带至全身各处。

（五）垂直传染

垂直传染专指胎儿由母体得到的疾病。拉丁文以“in utero”表示“在子宫”的一种传染形式，通常通过此种传染方式感染胎儿的疾病病原体，多以病毒和活动力高的小型寄生虫为主，可以经由血液输送或具备穿过组织或细胞的能力，因此可以透过胎盘在母子体内传染，例如艾滋病和乙型肝炎。细菌虽较罕见于垂直感染，但是梅毒可在分娩过程中传染，由于胎儿的黏膜部位或眼睛接触到母体阴道受感染之黏膜组织而染病；有少数情况则是在哺乳时透过乳汁分泌感染新生儿。后两种路径也都属于垂直感染的范畴。

（六）血液传染

主要通过血液、伤口的感染方式，将疾病传递至另一个个体身上的过程即血液传染。常见于医疗使用注射器材、输血技术之疏失，因此许多医疗院所要求相关医疗程序之施行，必须经过多重、多人的确认以免伤害患者，于捐血、输血时，也针对捐赠者和接受者进一步检验相关生理状况，降低此类感染的风险。但由于毒品的使用，共享针头的情况可造成难以预防的感染，尤其对于艾滋病的防范也更加困难。

四、传染病的防控

控制传染病最高效的方式在于防控，由于传染病的三个基本条件——传染源、传播途径和易感人群，缺乏任何一个都无法造成传染病的流行，所以对于传染病预防也主要集中在这三个方面。

（1）控制传染源：这是预防传染病的最有效方式。对于人类传染源的传染病，需要及时将病患旅客或病源携带者妥善地安排在指定的隔离位置，暂时与人群隔离，积极进行治疗、护理，并对具有传染性的分泌物、排泄物和用具等进行必要的消毒处理，防止病原体向外扩散。

（2）切断传播途径：对于通过消化系统、血液和体液传播的传染病，如虫媒传染病和寄生虫病等，切断传播途径是最为直接的预防方式。主要方式为传播媒介阻断，消毒或扑杀。

（3）保护易感人群：保护易感人群也是传染病预防的重要组成部分，而且往往是较为容易实现的预防方法。

第二节　甲类传染病

甲类传染病也称为强制管理传染病，包括鼠疫、霍乱。对此类传染病发生后报告疫情的时限，对病患旅客、病原携带者的隔离、治疗方式以及对疫点、疫区的处理等，均需强制执行。

一、鼠疫

（一）定义

鼠疫是鼠疫耶尔森菌（简称鼠疫菌）借鼠蚤传播为主的烈性传染病，广泛流行于野生啮齿动物间的一种自然疫源性疾病，属国际检疫传染病和我国法定的甲类管理传染病。

（二）传播途径

鼠疫主要传播途径为病媒生物传播、接触传播和飞沫传播。在自然疫源地，病媒生物传播是最主要的传播方式，跳蚤是传播鼠疫的主要媒介，寄生在染疫动物的跳蚤感染鼠疫菌后再叮咬人，即可造成人的感染。接触传播是指人在宰杀、剥皮及食肉时接触染疫动物，或接触鼠疫病患旅客的排泄物、分泌物时，病菌通过皮肤表面伤口或黏膜进入体内而造成感染。此外，肺鼠疫患者呼吸道分泌物中含有大量鼠疫菌，病患旅客在呼吸、咳嗽时释放出的病菌可以形成飞沫而短时间悬浮于空气中，此时他人吸入时也可造成感染。

（三）主要临床表现

鼠疫的潜伏期很短，多数为2～3天，个别病例可达到9天。

感染鼠疫菌以后，临床可表现为腺鼠疫、肺鼠疫及败血型鼠疫等类型。腺鼠疫最为常见，通常表现为发热和局部淋巴结肿大，治愈率高。肺鼠疫常表现为高热、咳嗽、胸闷、呼吸困难、咳血；由于起病急，病情进展快，如得不到及时治疗，病死率高。败血型鼠疫症状也较为严重，预后较差。

（四）鼠疫的处置

（1）患者应隔离，尤其肺鼠疫患者。

（2）绝对卧床，给流质或半流质饮食及足量水分。

（3）烦躁不安、局部淋巴结疼痛者，给予镇静、止痛药；呼吸困难者给氧；出现休克、弥散性血管内凝血、心力衰竭等应及时做相应处理。

（4）必要时使用卫生防疫包，做好自我防护。

（五）防治措施

灭鼠、灭蚤，保护易感人群是预防鼠疫的主要措施。

（1）控制传染源

消灭动物传染源，广泛开展灭鼠运动；旱獭在某些地区是重要传染源，也应做好控制工作。

对疑似或确诊病例坚持就地、就近单间隔离、治疗原则。同时应对直接接触者在单独隔离状态下进行医学观察。

（2）切断传播途径

彻底灭蚤，减少被叮咬的机会，避免接触染病或死亡动物。

（3）加强个人防护

参与治疗或进入疫区的人员必须穿防护服，戴口罩、帽子、手套、护目镜，穿胶鞋及隔离衣。

二、霍乱

（一）定义

霍乱是由霍乱弧菌引起的急性肠道传染病，属国际检疫传染病和我国法定的甲类管理传染病。

（二）传播途径

霍乱弧菌存在于水中，最常见的感染原因是食用被病患旅客粪便污染过的水。

（三）主要临床表现

霍乱病程中，潜伏期可从数小时至5天，一般为1~2日。根据病情程度可分为轻、中、重三型，一般轻型多，重型少。轻型病例起病较缓，大多数患者仅有轻度腹泻，极少数伴有呕吐，大便性状为软便、稀便或黄水样便，个别带黏液或血性。一般无发热、腹痛、里急后重等症状，少数有腹部隐痛。中、重型病例起病突然，多以剧烈腹泻开始，继以呕吐，少数先吐后泻，多无腹痛，也无里急后重，少数有腹部隐痛或腹部饱胀感，个别可有阵发性绞痛。每日大便十数次或更多，一些重型病例粪便从肛门可直流而出，无法计数。大便性状初为稀便，后即为水样便，以黄水样或清水样为多见，少数为米泔样或洗肉水样。大便镜检无脓细胞。有恶心、呕吐，呕吐呈喷射状，呕吐物初为食物残渣，继为水样。一般无发热，少数可有低热，儿童发热较成人多见。

（四）防治措施

（1）健康教育：要大力加强以预防肠道传染病为重点的宣传教育，提倡喝开水，不吃生的、半生的食物，生吃瓜果要洗干净，饭前便后要洗手，养成良好的卫生习惯。

（2）免疫接种：目前尚无理想的、效果较好和作用持续时间较长的霍乱菌苗，因此不提倡使用霍乱疫苗用于霍乱的预防。

（3）加强饮用水卫生：必须保护水源，改善饮用水条件，实行饮水消毒。要加快城乡自来水建设。

第三节 乙类传染病

乙类传染病也称严格管理传染病，包括新型冠状病毒肺炎、传染性非典型肺炎、艾滋病、病毒性肝炎、脊髓灰质炎、人感染高致病性禽流感、麻疹、流行性出血热、狂犬病、流行性乙型脑炎、登革热、炭疽、细菌性和阿米巴性痢疾、肺结核、伤寒和副伤寒、流行性脑脊髓膜炎、百日咳、白喉、新生儿破伤风、猩红热、布鲁氏菌病、淋病、梅毒、钩端螺旋体病、血吸虫病、疟疾。对此类传染病要严格按照有关规定和防治方案进行预防和控制。其中，新型冠状病毒肺炎、传染性非典型肺炎、炭疽中的肺炭疽、人感染高致病性禽流感虽被纳入乙类传染病，但可直接采取甲类传染病的预防、控制措施。

一、新型冠状病毒感染

（一）定义

冠状病毒是一大类病毒，感染患者表现为从普通呼吸道症状到重症肺部感染等不同临床症状，其形态看上去像帝王的皇冠，因此命名为“冠状病毒”。2019 新型冠状病毒（2019-nCoV，引发新型冠状病毒肺炎 COVID-19）是目前已知的第 7 种可以感染人的冠状病毒。

注：根据 2020 年 1 月 21 日国家卫生健康委员会发布 1 号公告，将 2019 新型冠状病毒感染的肺炎纳入《中华人民共和国传染病防治法》规定的乙类传染病，2022 年 12 月 26 日，国家卫生健康委员会发布公告，将新型冠状病毒肺炎更名为新型冠状病毒感染，2023 年 5 月，世界卫生组织宣布，新冠疫情不再构成“国际关注的突发公共卫生事件”。

（二）传播途径

目前主要传播途径为经呼吸道飞沫和接触传播，在相对封闭的环境中长时间暴露于高浓度气溶胶情况下存在经气溶胶传播的可能，其他传播途径尚待明确；人群普遍易感。

（三）主要临床表现

疑似症状为发热、咳嗽、咽痛、胸闷、呼吸困难、乏力、恶心、呕吐、腹泻、肌肉酸痛等。

（四）防治措施

（1）发生疾病流行地区的在岗工作人员应佩戴医用外科口罩或N95口罩，并每日做好健康监测。

（2）公共交通工具建议备置体温计、口罩等物品。

（3）增加公共交通工具清洁与消毒频次，做好清洁消毒工作记录和标识。

（4）保持公共交通工具良好的通风状态。

（5）保持机场、客舱内的卫生整洁，及时清理垃圾。

（6）做好机组人员的工作与轮休安排，确保机组人员足够休息。

健康中国

在新时代新征程上披荆斩棘、奋勇前进

2020年，骤然袭来的新型冠状病毒感染，打破了我们平静的生活。中国人民并没有被吓倒，14亿人民万众一心、众志成城，经过艰苦奋战，付出巨大代价，有效遏制曾经肆虐的疫魔，中国新型冠状病毒感染防控人民战争、总体战、阻击战取得重大战略成果。

在这场同新冠的殊死较量中，中国人民和中华民族以敢于斗争、敢于胜利的大无畏气概，铸就了生命至上、举国同心、舍生忘死、尊重科学、命运与共的伟大抗疫精神。

二、传染性非典型肺炎

（一）定义

传染性非典型肺炎又称严重急性呼吸综合征（severe acute respiratory syndromes，SARS），是一种因感染SARS冠状病毒而导致的以发热、干咳、胸闷为主要症状，严重者出现进展快速的呼吸系统衰竭，是一种新的呼吸道传染病，极强的传染性与病情的快速进展是此病的主要特点。

（二）传播途径

传染性非典型肺炎属于呼吸道传染病，最主要传播途径有短距离呼吸道飞沫传播、接触病患旅客呼吸道分泌物传播以及密切接触传播。

（三）主要临床表现

潜伏期 1～16 天，常见为 3～5 天。起病急，传染性强，以发热为首发症状，可有畏寒，体温常超过 38℃，呈不规则热或弛张热、稽留热等，热程多为 1～2 周；伴有头痛、肌肉酸痛、全身乏力和腹泻。起病 3～7 天后出现干咳、少痰，偶有血丝痰，肺部体征不明显。病情于起病 10～14 天达到严重程度，发热、乏力等症状加重，并出现频繁咳嗽、气促和呼吸困难，略有活动则气喘、心悸，被迫卧床休息。这个时期易发生呼吸道的继发感染。

（四）防治措施

（1）我国已将重症急性呼吸综合征列入《中华人民共和国传染病防治法》2004 年 12 月 1 日施行的法定传染病乙类首位，并规定按甲类传染病进行报告、隔离、治疗和管理。发现或怀疑本病时，应尽快向卫生防疫机构报告。做到早发现、早隔离、早治疗。

（2）不随地吐痰，避免在人前打喷嚏、咳嗽、清洁鼻腔，且事后应洗手；确保住所或活动场所通风；勤洗手；避免去人多或相对密闭的地方，应注意戴口罩。

（3）保持乐观稳定的心态，均衡饮食，多喝汤饮水，注意保暖，避免疲劳，足够的睡眠以及在空旷场所做适量运动等，这些良好的生活习惯有助于提高人体对重症急性呼吸综合征的抵抗能力。

健康中国

筑起我们新的长城

2003 年春天，当时尚无有效治疗药物的传染性非典型肺炎（“非典”）袭击了包括北京、香港、广东等在内的中国多个省份和地区。2003 年 4 月，中共和政府决策层召开会议，强调要沉着应对，依靠科学，采取强有力的措施应对“非典”。随后，国家防治非典型肺炎指挥部成立。面对突如其来的非典疫情的严峻考验，在党中央、国务院的坚强领导下，全党、全国人民万众一心，众志成城，抗击非典。这是一场与病毒争夺生命的战役，它考验着党和政府的执政能力，测试着中国社会应对突发事件的“抗体”。

无论疾病灾难，无论艰险困苦，中国的领导人用言行表明，他们始终同人民在一起。有这样的领袖，就有同样恪尽职守、共赴危难的百姓，全体人民用大无畏的精神制服了病魔，也克服了恐慌和猜疑。6 月 24 日这天，阳光似乎格外耀眼。这场春天降临的全球性传染病，终于在夏天到来时被送走了。中国赢得了最后的胜利！

三、艾滋病

（一）定义

艾滋病的全称是获得性免疫缺陷综合征（acquired immuno deficiency syndrome，AIDS）。它是由艾滋病病毒即人类免疫缺陷病毒（HIV）引起的一种病死率极高的恶性传染病。HIV 侵入人体，能破坏人体的免疫系统，令感染者逐渐丧失对各种疾病的抵抗能力，最后导致死亡。

（二）传播途径

艾滋病病毒可通过与感染者发生未保护的性交（阴道交或肛交）和口交；输入艾滋病病毒污染的血液；共用艾滋病病毒污染的针头、针具或其他锐器等途径传播。艾滋病病毒感染的母亲在妊娠、分娩和哺乳期间传播给婴儿。

（三）主要临床表现

根据细胞免疫缺陷程度和临床表现的不同，临床上将这个过程分为四期：急性感染期、潜伏期、艾滋病前期、典型艾滋病期。4 个时期不同的临床表现是一个渐进的和连贯的病程发展过程。

1. 急性感染期

HIV 侵袭人体后对机体的刺激所引起的反应。病患旅客出现发热、皮疹、淋巴结肿大、乏力、出汗、恶心、呕吐、腹泻、咽炎等。有的还出现急性无菌性脑膜炎，表现为头痛、神经性症状和脑膜刺激征，症状常较轻微，容易被忽略。当这种发热等周身不适症状出现后 5 周左右，血清 HIV 抗体可呈现阳性反应。

2. 潜伏期

感染者没有任何临床症状，但潜伏期病毒在持续繁殖，具有强烈的破坏作用。艾滋病的平均潜伏期，现在认为是 2~10 年。

3. 艾滋病前期

潜伏期后开始出现与艾滋病有关的症状和体征，直至发展成典型的艾滋病的一段时间。这时病患旅客已具备了艾滋病的最基本特点，即细胞免疫缺陷，只是症状较轻而已。主要的临床表现有：①浅表淋巴结肿大；②病毒性疾病的全身不适、肌肉疼痛等症状；③各种特殊性或复发性的非致命性感染。

4. 典型艾滋病期

典型艾滋病期也就是艾滋病发病期，主要临床症状有：原因不明的免疫功能下降；

持续不规则低热时间 >1 个月；持续原因不明的全身淋巴结肿大；慢性腹泻每日 >4～5 次，3 个月内体重下降 >10%；中青年患者有突发的咳嗽、气短、血氧分压下降的肺功能衰竭表现，要考虑卡氏肺囊虫肺炎，合并有口腔念珠菌感染，巨细胞病毒（CMV）感染，弓体虫病，隐球菌脑膜炎，进展迅速的活动性肺结核，皮肤黏膜的 Kaposi 肉瘤、淋巴瘤等。

（四）防治措施

目前尚无预防艾滋病的有效疫苗，因此最重要的是采取预防措施。其方法如下。

（1）坚持洁身自爱，不卖淫、嫖娼，避免高危性行为。

（2）严禁吸毒，不与他人共用注射器。

（3）不要擅自输血和使用血制品，必须在医生的指导下使用。

（4）不要借用或共用牙刷、剃须刀、刮脸刀等个人用品。

（5）使用安全套是性生活中最有效的预防性病和艾滋病的措施。

（6）要避免直接与艾滋病患者的血液、精液、乳汁接触，切断其传播途径。

健康中国

构筑公共卫生的防护墙

2003 年，河南省上蔡县城芦岗乡文楼村 3 211 名村民中，被检测出的艾滋病病毒感染者 678 人。仅 2003 年一年间，文楼村因为艾滋病死亡就有将近 40 人。

2016 年 8 月 7 日，《经济半小时》记者第三次走进了文楼村。村民：不要恐惧，不要对我们文楼村有什么看法，我们这几年生活都可以了，国家也照顾，说我们村都控制起来了，没有那种现象。13 年前，曾患有艾滋病的文楼村村民马深义一门心思想的，还只是怎么才能让自己的两个孩子活下去。但眼下，他的两个孩子都长大了，他正在忙着建新房子。

2003 年，随着国家“四免一关怀”政策的出台，国家免费抗病毒治疗正式启动。从那时起，文楼村的艾滋病感染者和病人，可以免费使用抗病毒药物和机会性感染药物。

如今，在文楼村有艾滋病感染者 343 人，其中服用抗病毒药物的有 278 人。免费的抗病毒药物治疗给马深义一家三口的命运带来了转机。通过艾滋病免费抗病毒治疗，上蔡县的艾滋病感染者和病人的死亡率由之前的 24‰ 下降到 2015 年的 6.5‰，接近正常。根据国家卫生健康委员会最新提供的数据显示，截至 2015 年年底，我国报告存活的艾滋病病毒感染者和病人共 57.7 万人。

北京地坛医院感染性疾病诊疗与研究中心主任、国家卫生健康委员会艾滋病临床工作组组长张福杰：我始终认为，中国的艾滋病治疗，不仅是独一无二的，而且成功率是非常高的，政府主导的完全免费治疗，过去艾滋病就是一个不治之症，现在有了抗病毒治疗，我们可以让他再活40岁、50岁或者更长，国外治疗艾滋病不免费，例如美国很多穷的艾滋病病人是吃不上药的，以及像我们的近邻，俄罗斯、乌克兰艾滋病治疗都是很贵的。

四、病毒性肝炎

（一）定义

病毒性肝炎是由多种肝炎病毒引起的常见传染病，具有传染性强、传播途径复杂、流行面广泛，发病率较高等特点，肝炎病毒通常分为甲、乙、丙、丁、戊型。

（二）传播途径

甲肝和戊肝主要经粪 - 口途径传播，水源或食物被污染可引起暴发流行，也可经日常生活接触传播。乙肝、丙肝的传播途径包括血液传播（输血及使用血制品以及污染的注射器或针刺等）；母婴垂直传播；性接触传播。丁肝的传播途径与乙肝相同，与乙肝病毒同时或在乙肝病毒感染的基础上才可能感染丁肝。

（三）主要临床表现

临床上主要表现为乏力、食欲减退、恶心、呕吐、肝肿大及肝功能损害，部分病患旅客可有黄疸和发热。有些患者出现荨麻疹、关节痛或上呼吸道症状。

（四）防治措施

（1）休息：急性肝炎的早期应住院或就地隔离、治疗及休息。

（2）饮食：急性肝炎食欲不振者，应进易消化的清淡食物，有明显食欲下降或呕吐者，可静脉滴注10%葡萄糖。

（3）药物治疗：目前治疗急性肝炎的中西药物疗效无明显差别。各地可根据药源，因地制宜就地选用适当西药或中西药进行治疗。用药种类不宜太多，时间不宜太长，用药要简化，不主张常规使用肾上腺皮质激素治疗急性肝炎。

（4）重型肝炎应加强护理，密切观察病情变化，采取阻断肝细胞坏死，促进肝细胞再生，预防和治疗各种并发症等综合性措施及支持疗法以阻断病情恶化。

五、流行性出血热

（一）定义

流行性出血热又称肾综合征出血热，是危害人类健康的重要传染病，是由流行性出血热病毒（汉坦病毒）引起的，以鼠类为主要传染源的自然疫源性疾病。

（二）传播途径

传染源主要为小型啮齿动物，包括野鼠及家鼠，主要传播途径为动物源性，病毒能通过宿主动物的血及唾液、尿、便排出，鼠向人的直接传播是人类感染的重要途径。

（三）主要临床表现

人感染汉坦病毒后潜伏期通常为 7～14 天，也偶见短至 4 天或长至 2 个月者。出血热临床表现具有三大特征：发热、出血和肾脏损害。具体表现在发热（38～40℃）、三痛（头痛、腰痛、眼眶痛）以及恶心、呕吐、胸闷、腹痛、腹泻、全身关节痛等症状，皮肤黏膜三红（脸、颈和上胸部发红），眼结膜充血，重者似酒醉貌。口腔黏膜、胸背、腋下出现大小不等的出血点或瘀斑，或呈条索状、抓痕样。

（四）防治措施

防鼠、灭鼠是消灭本病的关键。做好食品、环境、个人卫生，必要时可注射出血热疫苗预防。

六、流行性脑脊髓膜炎

（一）定义

流行性脑脊髓膜炎简称流脑，是由脑膜炎双球菌引起的化脓性脑膜炎。致病菌由鼻咽部侵入血液循环，形成败血症，最后局限于脑膜及脊髓膜，形成化脓性脑脊髓膜病变。

（二）传播途径

该病菌存在于病患旅客和带菌者的鼻咽部，借飞沫经呼吸道传染。免疫功能低下者，细菌可从上呼吸道黏膜侵入血流，引起菌血症或败血症，其中少数可到达脑（脊髓）膜引起脑膜炎。

（三）主要临床表现

流行性脑脊髓膜炎是脑膜炎奈瑟氏菌感染最常见的临床表现形式，发病潜伏期为2～10天，平均4天左右。临床表现主要有急性发热、剧烈头痛、恶心、呕吐、颈强直、畏光、皮肤瘀斑等。

（四）防治措施

（1）养成良好的个人卫生习惯，如勤洗手，打喷嚏、咳嗽时使用手帕，不直接面对他人等，可以减少传播、感染的机会。

（2）改善居住、工作环境的拥挤状况，并经常通风换气，特别是幼儿园、学校、工地等人群聚居地区。

（3）接种疫苗。我国目前有两种疫苗，分别针对A群和A+C群，疫苗安全有效，保护效果也较好，可以去当地疾病控制机构咨询接种疫苗相关事宜。

（4）早发现、早治疗。出现临床表现后，应立即去医院就诊。早发现、早治疗可以减轻症状、防止死亡。

（5）保护接触者。出现病例后，对家庭成员、医护人员及其他密切接触者密切观察，一旦出现发病迹象（发热），应立即进行治疗，以免延误。密切接触者要在医生指导下预防性服药。

七、疟疾

（一）定义

疟疾是经蚊叮咬或输入带疟原虫者的血液而感染疟原虫所引起的虫媒传染病。寄生于人体的疟原虫共有4种，即间日疟原虫、三日疟原虫、恶性疟原虫和卵形疟原虫。

（二）传播途径

疟疾的传播途径主要是由蚊虫叮咬人体而导致传播，其中传播媒介为雌性按蚊，在我国重要的传播媒介主要有中华按蚊、微小按蚊以及大劣按蚊等。

（三）主要临床表现

疟疾潜伏期因感染的疟原虫种类不同而异。感染恶性疟原虫潜伏期平均为12天，三日疟原虫潜伏期平均为30天，间日疟原虫潜伏期和卵形疟原虫潜伏期平均为14天，但间日疟原虫潜伏期有时可长达12个月以上。经输血传播的疟疾，其潜伏期的长短与血中疟原虫的数量有关，一般为 7～14 天。疟疾临床症状通常有以下四期。

（1）前驱期：头痛、全身酸痛、乏力、畏寒。

（2）发冷期：手脚发冷，继而寒战、面色苍白、口唇指甲紫绀。体温迅速上升，此期可持续 10 多分钟至 2 小时。

（3）发热期：寒战后全身发热、头痛、口渴，体温可升至 39℃或以上，有些病患旅客可出现抽搐，此期可持续 2～3 小时。

（4）出汗期：高热后大汗淋漓，体温迅速下降，此期可持续 1 小时以上。

（四）防治措施

疟疾的预防指对易感人群的防护。包括个体预防和群体预防。个体预防系疟区居民或短期进入疟区的个人，为了防蚊叮咬、防止发病或减轻临床症状而采取的防护措施。群体预防是对高疟区、暴发流行区或大批进入疟区较长期居住的人群，除包括含个体预防的目的外，还要防止传播。要根据传播途径的薄弱环节，选择经济、有效且易为群众接受的防护措施。

健康中国

青蒿素助中国消除疟疾

国家卫生健康委员会副主任李斌表示，中国已正式向世界卫生组织申请国家消除疟疾认证。

中国疾病预防控制中心寄生虫病预防控制所与美国哈佛大学、世界卫生组织近日共同举办“从三千万到零病例：中国经验助力非洲国家消除疟疾”国际网络研讨会。国家卫生健康委员会副主任李斌在视频连线出席会议时说，中国政府高度重视疟疾防控，2017 年以来已连续近 4 年无本地原发感染疟疾病例报告，2020 年 11 月已正式向世卫组织申请国家消除疟疾认证。

世界卫生组织颁发消除疟疾认证的标准是一个国家证明了疟疾的本地传播链已在该国连续中断 3 年；此外，该国还须建立一套能够快速检测和应对疟疾病例的国家监测系统，同时制定有效方案，防止疟疾再次发生。

李斌说，中国在与疟疾的长期较量中，从中草药中发现并提取了青蒿素，积累和总结了许多好的经验，有助于全球疟疾防控。中国制定了“线索追踪、清点拔源”的工作策略，探索总结了疟疾报告、调查和处置的“1-3-7”工作模式及边境地区的“3+1 防线”。其中，“1-3-7”工作模式作为全球消除疟疾工作模式，正式写入世界卫生组织的技术文件并向全球推广应用。中国正在探索基因技术辅助智慧决策，应用新型遗传流行病学手段推进消除疟疾的监测工作。中国疾控中心寄生虫病预防控制所与哈佛大学、麻省理工学院－哈佛大学布罗德研究所建立了学术伙伴关系，致力于通过“一带一路”倡议等合作机制，与各国分享新型遗传学技术应用等方面的经验。

李斌表示，下一步，国家卫生健康委员会将加强与非洲国家的疟疾防治合作，将其作为中非卫生健康合作的重要内容进一步深入推进。

第四节　丙类传染病

丙类传染病也称监测管理传染病，包括流行性感冒、流行性腮腺炎、风疹、急性出血性结膜炎、麻风病、流行性和地方性斑疹伤寒、黑热病、包虫病、丝虫病，除霍乱、细菌性和阿米巴性痢疾、伤寒和副伤寒外的感染性腹泻病。

一、流行性感冒

（一）定义

流行性感冒简称流感，是由甲、乙、丙三型流感病毒分别引起的急性呼吸道传染病。甲型流感病毒常以流行形式出现，引起世界性流感大流行。乙型流感病毒经常引起流感局部暴发。丙型流感病毒主要以散在形式出现，一般不引起流感流行。人患流感后能产生获得性免疫，但流感病毒很快会发生抗原性变异从而逃逸宿主免疫。人的一生可能会多次感染相同和（或）不同型的流感病毒。

（二）传播途径

流感患者和隐性感染者是季节性流感的主要传染源，主要通过其呼吸道分泌物的飞沫传播，也可以通过口腔、鼻腔、眼睛等黏膜直接或间接接触传播。

常见潜伏期为 1~4 天（平均 2 天），从潜伏期末到发病的急性期都有传染性。一般感染者在临床症状出现前 24~48 小时即可排出病毒，排毒量在感染后 0.5~1 天显著增加，在发病后 24 小时内达到高峰。

（三）主要临床表现

流感一般表现为急性起病、发热（部分病例可出现高热，达 39~40℃），伴畏寒、寒战、头痛、肌肉、关节酸痛、极度乏力、食欲减退等全身症状，常有咽痛、咳嗽，可有鼻塞、流涕、胸骨后不适、颜面潮红，结膜轻度充血，也可有呕吐、腹泻等症状。

轻症流感常与普通感冒表现相似，但其发热和全身症状更明显。

重症流感可出现病毒性肺炎、继发细菌性肺炎、急性呼吸窘迫综合征、休克、弥漫性血管内凝血、心血管和神经系统等肺外表现及多种并发症。

（四）防治措施

（1）每年接种流感疫苗是预防流感最有效的手段，可以显著降低接种者罹患流感和发生严重并发症的风险。奥司他韦、扎那米韦、帕拉米韦等神经氨酸酶抑制剂是甲型和乙型流感的有效治疗药物，早期尤其是发病 48 小时之内应用抗流感病毒药物能显著减轻流感症状和降低死亡率。抗病毒药物应在医生的指导下使用。

（2）保持良好的个人卫生习惯是预防流感等呼吸道传染病的重要手段，包括勤洗手；在流感流行季节，尽量避免去人群聚集场所；出现流感症状后，咳嗽、打喷嚏用纸巾、毛巾等遮住口鼻然后洗手，尽量避免接触眼睛、鼻或口等。

二、流行性腮腺炎

（一）定义

流行性腮腺炎简称流腮，俗称痄腮。四季均有流行，以冬、春季常见，是儿童和青少年期常见的呼吸道传染病。它是由腮腺炎病毒引起的急性、全身性感染，以腮腺肿痛为主要特征，有时也可累及其他唾液腺。

（二）传播途径

流行性腮腺炎的传播途径主要为呼吸道传播，病毒可以存在于唾液中，然后通过飞沫导致传播。

（三）主要临床表现

腮腺肿痛为最主要的临床表现，一般以耳垂为中心，向前、后、下发展，状如梨形，边缘不清；局部皮肤紧张，发亮但不发红，触之坚韧有弹性，有轻触痛，张口、咀嚼（尤其进酸性饮食）时刺激唾液分泌，导致疼痛加剧；通常一侧腮腺肿胀后 1~4 天累及对侧，双侧肿胀者约占 75%。颌下腺或舌下腺也可同时被累及。10%～15% 的患儿仅有颌下腺肿大，舌下腺感染最少见。重症者腮腺周围组织高度水肿，使容貌变形，并可出现吞咽困难。

（四）防治措施

1. 管理传染源

早期隔离患者直至腮腺肿胀完全消退。接触者一般检疫 3 周。

2. 被动免疫

给予流行性腮腺炎患者高价免疫球蛋白可有一定作用，但来源困难，不易推广。

3. 自动免疫

出生后 14 个月常规给予腮腺炎减毒活疫苗或麻疹、腮腺炎和风疹三联疫苗，免疫效果好。免疫途径为皮下注射，还可采用喷鼻或气雾吸入法，接种后可出现一过性发热，偶有在接种后 1 周发生腮腺炎者。

三、麻风病

（一）定义

麻风病是由麻风杆菌引起的慢性传染病，主要侵犯皮肤、外周神经以及多菌型麻风患者的上呼吸道。

（二）传播途径

1. 直接传染

直接传染是健康者与传染性麻风患者的直接接触，传染是通过含有麻风杆菌的皮肤或黏膜损害与有破损的健康人皮肤或黏膜的接触所致。这种传染情况最多见于和患者密切接触的家属。虽然接触的密切程度与感染发病概率有关，但这并不排除偶尔接触而传染的可能性。

2. 间接传染

间接传染是健康者与传染性麻风患者经过一定的传播媒介而传染。例如接触传染患者用过的衣物、被褥、手巾、食具等。间接传染的可能性要比直接传染的可能性小，但也不可能忽视。

（三）主要临床表现

麻风的临床表现多种多样，早期主要是皮肤上出现不痛不痒的浅色或红色斑片，如不能早期发现和治疗，病期长时皮肤多伴有感觉减退或丧失，病情逐渐发展后可以出现兔眼、歪嘴、爪形手、垂足、足底溃疡等畸残。

（四）防治措施

（1）有效地控制传染源，平时生活中需要注意各种传染病的出现，切断传播途径，合理用药，而且也要注意提高人群的免疫功能，这样才能有效地控制疾病，消除麻风的出现。

（2）在预防方面，缺乏有效的疫苗和药物，所以在防治方面就应该做到早发现，对于发病的人群，应该给予正规的治疗，而且在疾病流行期间，应该避免接触患者，可以给予卡介苗接种，有效地进行防御。

（3）宣传一些预防原则，大力地宣传这种疾病的危害，平时生活中要注意尽早进行防御，而且也要了解一些卫生常识，平时生活中避免接触一些患病人群，做到早发现、早治疗，有效地进行锻炼，增强体质，减少疾病出现的概率。

（4）对麻风患者进行隔离，麻风患者需要跟家属和社会隔离，在家中进行合理的治疗，病患旅客在服药一周之后，一般就可以外出，但是不能和家人一起生活，避免其他人感染，大家需要注意麻风的出现，有效地进行防御。

第五节　机上突发公共卫生事件处置程序

中国民用航空局 CAR-121-R4 第 121.705 条（b）指出：飞行中发生的紧急医学事件包括突发公共卫生事件，即突然发生并造成或者可能造成社会公众健康严重损害的重大传染病疫情、群体性不明原因疾病、重大食物和职业中毒以及其他严重影响公众健康的事件。机组人员应通过训练掌握突发公共卫生事件的处置或者实施交通卫生检疫的应急反应程序。

一、可疑传染病的一般症状

当没有医生在场时，飞机上如果有人出现以下 1～2 种表现时即应怀疑是传染性疾病。

（1）持续发烧并伴有咳嗽。

（2）出现急性皮疹或发痒伴或不伴发热。

（3）严重腹泻伴有其他症状或虚脱。

（4）伴有高热的黄疸。

二、处理方法

飞行过程中，若发现传染病病人或疑似传染病病人，出现突发公共卫生事件，必须立即报告机长，尽快向主管部门详细报告以下情况。

（1）飞机所属公司、机型、机号及航班号。

（2）始发机场、经停机场和目的地机场。

（3）机组及乘客人数。

（4）病患旅客的主要症状、生命体征和发病人数。

机长应当组织乘务组人员、安全保卫人员以及机上医务人员、乘客等实施下列临时交通卫生检疫措施。

（1）在做好自我防护和旅客保护的前提下，立即封锁已经污染或者可能污染的区域。

（2）对检疫传染病病人、病原携带者、疑似检疫传染病病人和与其密切接触者实施就地隔离。

（3）对被污染或者可能被污染的环境和病患旅客的分泌物、排泄物进行消毒处理。

（4）禁止机舱之间人员流动，控制机组人员出入驾驶舱，避免传染和在机上造成恐慌和不安。

（5）填写《紧急医学事件报告单》，到地面后将检疫传染病病人、病原携带者、疑似检疫传染病病人和与其密切接触者以及其他需要跟踪观察的旅客名单，移交上级卫生行政部门。

经典案例

美国一名男子在飞机上突然昏倒，不久后死亡，验尸报告显示，该男子死于新冠肺炎。

据美国广播公司（ABC）报道，这名男子于2020年12月14日乘坐美国联合航空公司航班，从佛罗里达奥兰多飞往洛杉矶，男子昏倒后，飞机紧急降落新奥尔良。医护人员将他送往当地一家医院后宣布其死亡。验尸官认为，急性呼吸衰竭和新冠肺炎是导致这名69岁男子死亡的原因。

目击者称，该乘客的妻子告诉一名急救医务人员，她的丈夫此前出现了新冠肺炎相关症状，包括嗅觉丧失和呼吸困难。按照美国联合航空公司要求，乘客在登机前，需提供14天内新冠肺炎核酸检测阴性结果的证明。知情人士告诉ABC，这名乘客填写了表格，但隐瞒了新冠肺炎核酸检测阳性的情况。美国联合航空公司表示，已将所有乘客信息和座位提交给美国疾控中心。该航班上的几名乘客表示，他们现在已经出现症状，疾控中心暂未联系他们。

据机上乘客卡梅隆·罗伯茨和他的未婚妻描述，当时的场景非常混乱，其他乘客都冲过去帮助这名男子，对他进行了胸外按压和人工呼吸。罗伯茨说："他们把他放在过道中央的地上，我们着陆的时候，他们还在给他做心肺复苏。"罗伯茨称目前正在隔离，并已接受了新冠肺炎核酸检测。罗伯茨说："很遗憾，他们失去了一名家庭成员，但与此同时，他们登上这架飞机也是不负责任的表现。"

问题：

1. 请谈谈新冠肺炎的传播方式有哪些？

2. 请谈谈一旦发现机上有人感染新冠肺炎，乘务员该如何响应？

思考练习

1. 我国传染病是如何分类的？

2. 甲类传染病主要包括哪些？它们的传播途径是什么？它们的主要症状有哪些？临床表现是什么？如何进行防控？

3. 乙类传染病主要包括哪些？它们的传播途径是什么？它们的主要症状有哪些？临床表现是什么？如何进行防控？

4. 丙类传染病主要包括哪些？它们的传播途径是什么？它们的主要症状有哪些？临床表现是什么？如何进行防控？

5. 飞机上突发公共卫生事件的处置程序是什么？

实训任务书

旅客王某在飞机上出现干咳、乏力、发热、咽痛等症状，并自觉报告有新型冠状肺炎高风险区旅居史，请结合王某表现，立即按照机上突发公共卫生事件处置程序采取有效措施。

要求

1. 设裁判员 7 名，其中教师 1 名、学生 6 名。

2. 实训同学采取抽签形式决定先后顺序。

3. 裁判员让学生快速、准确地说出所应采取的措施。

4. 时间为 5 分钟，时间结束则停止操作。

实训考核

学生完成实训后应如实填写实训报告，报告主要内容如下：实训目的；实训内容；本人承担的实训任务及完成情况；实训小结；实训评估（由教师完成）。

民航乘务员急救100题（一）

1. 四大生命体征是指体温、呼吸、脉搏、血压吗？（　　）

   A. 是　　B. 否

2. 腋下测体温需要多少时间？（　　）

   A. 1～2 分钟　　B. 2～3 分钟　　C. 5～10 分钟　　D. 10～15 分钟

3. 如果病人脉搏整齐，如何数脉搏？（　　）

   A. 数 15 秒　　B. 数 30 秒　　C. 数 15 秒 ×4　　D. 数 30 秒 ×4

4. 如果病人脉搏不整齐，如何数脉搏？（　　）

   A. 数 15 秒　　B. 数 30 秒　　C. 数 1 分钟　　D. 数 10 分钟

5. 正常人的腋下温度是多少？（　　）

   A. 36.0～37.2℃　　B. 37.3～38.0℃　　C. 38.1～39.0℃　　D. 39.1～41.0℃

6. 体温在 41℃以上可称为超高热吗？（　　）

   A. 是　　B. 否

7. 在进食、饮水、剧烈运动后需要休息多长时间再测量体温？（　　）

   A. 15 秒　　B. 30 秒　　C.10～30 分钟　　D. 30～60 分钟

8. 正常人的脉搏次数是多少？（　　）

   A. 60～80 次 / 分钟　　B. 60～100 次 / 分钟

   C. 80～100 次 / 分钟　　D. 100～110 次 / 分钟

9. 正常成年人静息状态下呼吸频率是多少？（　　）

   A. 12～16 次 / 分钟　　B. 12～18 次 / 分钟

   C. 16～18 次 / 分钟　　D. 16～20 次 / 分钟

10. 测量脉搏时，检查者是否将食指、中指、无名指并齐按压在肱动脉搏动点？（　　）

    A. 是　　B. 否

11. 如何记录血压？（　　）

    A. 收缩压 / 舒张压　　B. 舒张压 / 收缩压

12. 测量呼吸时，是观察病人的胸部或腹部吗？（　　）

    A. 是　　B. 否

13. 记录血压的方式是分数式吗？（　　）

    A. 是　　B. 否

14. 嗜睡是较深程度的意识障碍吗？（　　）

A. 是　　B. 否

15. 如果病人出现意识障碍，可以通过以下哪种反射活动来检查确定？（　　）

A. 吞咽反射、对光反射　　B. 角膜反射 、瞳孔大小

C. 以上都对　　D. 以上都错

16. 大气压力分布的特点是什么？（　　）

A. 高度每升高 1 500 米，大气压力减少到原来的一半

B. 高度每升高 3 000 米，大气压力减少到原来的一半

C. 高度每升高 4 500 米，大气压力减少到原来的一半

D. 高度每升高 5 500 米，大气压力减少到原来的一半

17. 在 8 000～12 000 米高空飞行时，如果座舱失密闭，且完全断绝氧气供应，我们的有效意识时间是多少？（　　）

A. 5～10 秒　　B. 5～30 秒　　C. 30 秒～1 分钟　　D. 30 秒～3 分钟

18. 机舱突然失压时，以下哪个处置方法不对？（　　）

A. 保持镇静并正常呼吸

B. 用力拉下面罩戴在嘴、鼻上，然后拉紧系带吸氧

C. 如果有儿童同行，应先给儿童戴好面罩，再自己戴好

D. 迅速将飞机降到大约 3 000 米高度

19. 机舱突然失压，应先给孩子戴好氧气面罩，再给成人戴好氧气面罩。（　　）

A. 对　　B. 错

20. 机上发生严重伤病时该如何处理？（　　）

A. 观察病人的生命体征和意识状态　　B. 根据情况决定是否给吸氧

C. 及时报告机长，广播寻求医生乘客　　D. 以上都对

21. 机上发生严重伤病时，应观察患者的体温、脉搏、呼吸、血压四大生命体征。（　　）

A. 对　　B. 错

22. 机上发生死亡事件该如何处理？（　　）

A. 请医生帮助确定是否死亡　　B. 不需要进行 CPR 抢救

C. 死亡报告不需要交给医生乘客　　D. 机长无权指令搬移尸体

23. 在飞行途中最常见的疾病有心绞痛吗是（　　）。

A. 有　　B. 没有

24. 机上应急医疗箱用品中硝酸甘油片的用法是（　　）。

A. 舌下含服　　B. 每 5 分钟可重复应用 1 次

C. 成人一次用 0.25～0.5mg　　D. 以上都对

25. 机上发生严重伤病时，不可以给病人吸氧。（　　）

A. 对　　B. 错

26. 机上发生严重疾病时，不可以报告机长，以免影响飞行安全。（　　）

A. 对　　B. 错

27. 机上发生严重疾病时，不需要询问旅客的身份。（　　）

A. 是　　B. 否

28. 机上应急医疗箱的使用条件中机长在需要的场合是否有权打开并取用其中的相关医疗用品？（　　）

A. 是　　B. 否

29. 使用机上应急医疗箱有哪些注意事项？（　　）

A. 使用非处方药，应有患者或同行人员的书面同意

B. 使用处方药应有专业医疗救护人员的指示

C. 使用后要做好记录

D. 以上都对

30. 典型心绞痛的症状是发作性胸骨后疼痛吗？（　　）

A. 是　　B. 否

31. 以下哪项不是心绞痛的临床表现？（　　）

A. 突然发作的胸痛并伴有窒息感　　B. 突然大汗淋漓

C. 疼痛历时短暂，常为 1～5 分钟　　D. 休息或舌下含服硝酸甘油可缓解

32. 心绞痛的机上急救要点？（　　）

A. 让其安静地卧位休息　　B. 尽快吸氧

C. 舌下含服硝酸甘油　　D. 以上都对

33. 中风的病人会出现意识障碍吗？（　　）

A. 会　　B. 不会

34. 中风的机上急救要点有哪些？（　　）

A. 让病人去枕或低枕平卧　　B. 保持安静

C. 吸氧　　D. 以上都对

35. 癫痫发作的病人会出现意识丧失吗？（　　）

A. 会　　B. 不会

36. 癫痫机上急救要点中病人如果有假牙可以不用取出？（ ）

A. 对　　B. 错

37. 晕厥有哪些临床表现？（ ）

A. 突然跌倒　　B. 在昏倒前有头晕、眼前发黑的先兆

C. 昏倒后可见面色苍白或出冷汗　　D. 以上都对

38. 晕厥机上急救要点有哪些？（ ）

A. 将病人的头部稍放低，双足略抬高

B. 可用手指掐病人的内关、合谷等穴

C. 随时观察病人的呼吸、脉搏等生命体征

D. 以上都对

39. 以下哪个症状不是支气管哮喘的临床表现？（ ）

A. 呼吸困难　　B. 有哮鸣音

C. 高热　　D. 频频打喷嚏、流鼻涕

40. 支气管哮喘机上急救需要及时给氧吗？（ ）

A. 需要　　B. 不需要

41. 糖尿病性低血糖有哪些临床表现？（ ）

A. 心慌、出冷汗、全身发抖　　B. 异常空腹感或饥饿感

C. 嗜睡昏睡，严重可出现昏迷　　D. 以上全是

42. 糖尿病昏迷急救时要先给病人喂食糖水？（ ）

A. 对　　B. 错

43. 晕机时会出现面色苍白、出冷汗吗？（ ）

A. 会　　B. 不会

44. 晕机机上处理有哪项是错误的？（ ）

A. 给旅客一个干净的清洁袋，供呕吐时使用

B. 打开通风器，使空气流通

C. 防止呕吐，让旅客尽量屏气

D. 防止条件反射，让晕机的旅客避开呕吐者的视线

45. 航空性中耳炎的旅客会出现眩晕吗？（ ）

A. 会　　B. 不会

46. 航空性中耳炎机上处理方法有哪些？（ ）

A. 在飞机下降过程中，让旅客主动做吞咽动作

B. 出现耳部不适时，教会旅客做捏鼻鼓气动作

C. 也可以同时做捏鼻鼓气动作加吞咽动作

D. 以上都对

47. 以下急腹症引起腹痛的临床表现有哪项是错误的？（　　）

A. 持续性、严重的腹痛　　B. 有固定的压痛点

C. 腹部柔软　　D. 伴有发热

48. 以下急腹症的机上处理方法有哪项是错误的？（　　）

A. 让旅客保持自认为舒适的体位　　B. 禁食禁饮

C. 可以服用止痛药　　D. 报告机长

49. 以下哪项不是过度换气的临床表现？（　　）

A. 明显的呼吸频率过快　　B. 头昏、视物模糊

C. 嗜睡　　D. 肌肉僵硬、痉挛

50. 过度换气机上处理时必须立即吸氧吗？（　　）

A. 对　　B. 错

51. 开放气道有哪几种方法？（　　）

A. 仰头抬颏法　　B. 仰头抬颈法

C. 托颌法　　D. 以上都是

52. CPR 时，胸外按压的最佳频率是多少？（　　）

A. 60 次 / 分钟　　B. 80 次 / 分钟

C. 至少 100 次 / 分钟　　D. 120 次 / 分钟

53. CPR 操作时，胸外按压与通气的比例是多少？（　　）

A. 5：1　　B. 15：1　　C. 30：1　　D. 30：2

54. 建立人工循环的具体措施有哪些？（　　）

A. 心前区叩击 + 人工呼吸　　B. 胸外心脏按压 + 人工呼吸

C. 心前区叩击 + 胸外心脏按压　　D. 胸外心脏按压 + 除颤

55. 心前区叩击法的操作要点有哪些？（　　）

A. 将手握成拳

B. 从距胸壁 20～25cm 的高度

C. 向胸骨中下 1/3 段较为有力度叩击 1～2 次

D. 以上都是

56. 以下哪个是成人胸外按压的位置？（　　）

A. 胸骨中上 1/3 交界处　　B. 胸骨中段

C. 两乳连线中点　　D. 胸骨下段

57. 造成心搏骤停的心胸外科疾病，主要包括哪些？（　　）

A. 窒息　　B. 阻塞性肺疾患　　C. 气道异物梗塞　　D. 以上都是

58. 心肺复苏的三部曲包括哪些？（　　）

A. 保持呼吸道畅通、人工呼吸、人工循环

B. 保持呼吸道畅通、人工呼吸、除颤

C. 保持呼吸道畅通、胸外按压、除颤

D. 人工呼吸、胸外按压、除颤

59. 如何判断心肺复苏的效果？（　　）

A. 出现大动脉搏动　　B. 瞳孔由大缩小

C. 紫绀减轻，自主呼吸恢复　　D. 以上都对

60. 在什么情况下才能放弃心肺复苏操作？（　　）

A. 患者恢复了自主呼吸和循环　　B. 有专业医务人员接替

C. 有可靠体征提示存在不可逆的死亡　　D. 以上都对

61. 早期电除颤对救治心搏骤停至关重要，以下哪点原因是错误的？（　　）

A. 心搏骤停最常见的心律失常是心室颤动

B. 治疗心室颤动最有效的手段是心脏除颤

C. 心脏除颤必须要与人工呼吸同时进行

D. 心室颤动不及时除颤，将会迅速演变成心搏停搏

62. 以下 AED 的操作程序哪项是错误的？（　　）

A. 打开电源、分析心律、粘贴电极板、离开病人并按电击按钮

B. 打开电源、粘贴电极板、分析心律、离开病人并按电击按钮

63. 生存链主要体现在哪四个方面？（　　）

A. 早期识别求救、早期人工呼吸、早期电除颤、早期 CPR

B. 早期人工呼吸、早期电除颤、早期 CPR、早期高级生命支持

C. 早期识别求救、早期 CPR、早期电除颤、早期高级生命支持

D. 早期人工呼吸、早期气管插管、早期电除颤、早期 CPR

64. 指压止血法是常用的止血方法吗？（　　）

A. 是　　B. 否

65. 全身出血达到 1 000mL 时，就会有生命危险吗？（　　）

A. 是　　B. 否

66. 面动脉是在下颌骨与咬肌前缘凹陷处吗？（　　）

A. 是　　B. 否

67. 股动脉是在腹股沟中点稍下方吗？（　　）

A. 是　　　B. 否

68. 在 250 人以上的旅客座位数的飞机上配备 2 个急救箱。（　　）

A. 对　　　B. 错

69. 止血带止血法适用于全身外伤的出血。（　　）

A. 对　　　B. 错

70. 三角巾仅适用于包扎头部外伤。（　　）

A. 对　　　B. 错

71. 止血带结扎时间应根据出血情况决定。（　　）

A. 对　　　B. 错

72. 骨折固定应根据骨折部位固定，不需要固定上下关节。（　　）

A. 对　　　B. 错

73. 心肺复苏术经历了五次重大变革。（　　）

A. 对　　　B. 错

74. 儿童按压心脏的位置在两乳连线中点下一横指。（　　）

A. 对　　　B. 错

75. 胸外心脏按压的最佳频率为 100 次 / 分钟。（　　）

A. 对　　　B. 错

76. 溺水是呼吸骤停的最常见原因。（　　）

A. 对　　　B. 错

77. 测量血压时，应脱去外衣露出左胳膊。（　　）

A. 对　　　B. 错

78. 止血带止血法可以用准、垫、远、宜、标、放来概括。（　　）

A. 对　　　B. 错

79. 骨折的搬运就是下肢骨折的搬运。（　　）

A. 对　　　B. 错

80. 婴儿 CPR 的正确位置在两乳连线中点的下一横指。（　　）

A. 对　　　B. 错

81. 儿童心脏按压位置与婴儿相同。（　　）

A. 对　　　B. 错

82. 心搏骤停抢救后会成为植物人吗？（　　）

A. 会　　　B. 不会

83. 对呼吸道完全梗塞的病人可以用海氏急救法急救吗？（   ）

A. 可以　　B. 不可以

84. 成年人的血量占全身体重的多少？（   ）

A. 5%　　B. 7%　　C. 7%　　D. 8%

85. 急救箱内是否有橡胶手套？（   ）

A. 有　　B. 无

86. 危重成年病人可以采用肱动脉测量脉搏吗？（   ）

A. 可以　　B. 不可以

87. 正常血压是多少？（   ）

A. >120/80mmHg　　B. <120/80mmHg

C. ≥140/90mmHg　　D. ≤140/90mmHg

88. 年龄和性别可以影响血压吗？（   ）

A. 可以　　B. 不可以

89. 左上肢血压高于右上肢。（   ）

A. 对　　B. 错

90. 呼吸道完全梗塞的病人尚能呼吸、讲话和咳嗽吗？（   ）

A. 可以　　B. 不可以

91. 人工呼吸的吹气量每次应该是多少？（   ）

A. 500～600mL　　B. 600～700mL　　C. 700～1 000mL　　D. 1 000～1 500mL

92. 胸外心脏按压定位不准确，不会造成肝破裂。（   ）

A. 对　　B. 错

93. 机上乘务员可以宣布患者死亡吗？（   ）

A. 可以　　B. 不可以

94. 乘客因身体不适向乘务员提出要求时，可以向其提供应急医疗箱内的药品吗？（   ）

A. 可以　　B. 不可以

95. 癫痫病人发作时，会突然出现似羊叫的尖声吗？（   ）

A. 会　　B. 不会

96. 晕厥常见的原因有血管神经性疾病吗？（   ）

A. 有　　B. 没有

97. 当飞机上乘客出现伴有发热、恶心、呕吐及腹泻的腹痛时，应将病人进行座位隔离。（   ）

A. 对　　B. 错

98. 呼吸道不完全阻塞的病人会在吸气时带有高音调声音。(　　)

A. 会　　B. 不会

99. 当出血 800~1 000mL 时，不会出现头晕、脉搏增快的症状。(　　)

A. 对　　B. 错

100. 出血就是指动脉出血。(　　)

A. 对　　B. 错

民航乘务员急救100题（二）

1. 机上如何急救呼吸道异物梗塞？（　　）

   A. 自救式腹部冲击法　　B. 互救式腹部冲击法

   C. 互救式胸部冲击法　　D. 以上都是

2. 以下哪项不是机上流产的临床表现？（　　）

   A. 腰腹部间歇性疼痛　　B. 阴道出血

   C. 休克　　D. 呼吸、心搏骤停

3. 以下哪项机上流产急救要点是错误的？（　　）

   A. 在座位上铺好塑料布，让病人躺下　　B. 用枕头将头部垫高，防止发生休克

   C. 检查病人呼吸、脉搏、血压　　D. 报告机长，与地面联系

4. 以下哪项不是机上分娩的临床表现？（　　）

   A. 腹痛的频率加快　　B. 会阴开始肿胀

   C. 每隔5~10分钟疼痛一次　　D. 可以看到胎儿的头皮

5. 分娩前应做哪些准备工作？（　　）

   A. 接生用品的准备　　B. 婴儿用品的准备

   C. 空中乘务员的准备　　D. 以上都是

6. 子宫颈扩大阶段属于分娩的哪个阶段？（　　）

   A. 第一阶段　　B. 第二阶段

   C. 第三阶段　　D. 第四阶段

7. 胎盘和脐带排出阶段是分娩的第几阶段？（　　）

   A. 第一阶段　　B. 第二阶段

   C. 第三阶段　　D. 第四阶段

8. 以下婴儿出生阶段机上处置要点哪项不对？（　　）

   A. 当胎儿的头部出现在阴道口时，要将其托住

   B. 在两次宫缩间，告诉产妇仍要向下使劲

   C. 当胎儿的头出来时，稳住并不要让其出来得太快

   D. 如新生儿没有啼哭，应立即做CPR

9. 机上急救箱中是否有止血药？（　　）

   A. 有　　B. 没有

10. 下列哪些人不可以使用机上急救箱？（　　）

A. 经过急救训练的乘务人员　　B. 在场的医务人员

C. 经过专门训练的其他人员　　D. 患者本人

11. 当出血量达到多少时，就会有生命危险？（　　）

A. 1 000～1 500mL　　B. 1 500～1 800mL

C. 1 600～2 000mL　　D. 2 000mL 以上

12. 常用的止血方法有哪些？（　　）

A. 指压止血法　　B. 屈肢加垫止血法

C. 止血带止血法　　D. 以上都是

13. 什么是指压止血法？（　　）

A. 用手指压迫动脉经过的骨骼表面部位，以达到止血目的

B. 用手指压迫静脉经过的骨骼表面部位，以达到止血目的

14. 头顶部或颞部出血的压迫点在哪里？（　　）

A. 颞动脉　　B. 面动脉　　C. 枕动脉　　D. 桡动脉

15. 颈部出血的压迫点在哪里？（　　）

A. 颞动脉　　B. 面动脉　　C. 一侧颈总动脉　　D. 双侧颈总动脉

16. 上臂出血的压迫点在哪里？（　　）

A. 颈总动脉　　B. 肱动脉　　C. 颞动脉　　D. 尺动脉

17. 前臂出血的压迫点在哪里？（　　）

A. 尺动脉　　B. 桡动脉　　C. 颈总动脉　　D. 肱动脉末端

18. 手掌出血的压迫点在哪里？（　　）

A. 颈总动脉　　B. 锁骨下动脉　　C. 尺桡动脉　　D. 肱动脉

19. 手指出血的压迫点在哪里？（　　）

A. 颞动脉　　B. 肱动脉末端　　C. 尺桡动脉　　D. 手指两侧小动脉

20. 足部出血的压迫点在哪里？（　　）

A. 股动脉和足背动脉　　B. 足背动脉和胫后动脉

C. 肱动脉和胫后动脉　　D. 颞动脉和胫后动脉

21. 屈肢加垫止血法适用于什么部位的出血？（　　）

A. 上臂出血　　B. 骨折部位出血

C. 前臂出血　　D. 所有部位出血

22. 止血带止血法的适应证？（　　）

A. 头颈部位部位的出血　　B. 四肢外伤出血

C. 胸腹部外伤出血　　D. 上肢外伤出血

23. 以下哪个部位不可以使用止血带止血？（　　）

A. 上臂的上 1/3 处　　B. 上臂的中 1/3 处

C. 上臂的下 1/3 处　　D. 股骨中下 1/3 交界处

24. 现场包扎的目的有哪些？（　　）

A. 保护创面、固定骨折或关节　　B. 防止伤口感染

C. 压迫止血和止痛　　D. 以上都是

25. 使用止血带包扎的时间一般不应超过多长时间？（　　）

A. 1 小时　　B. 2 小时　　C. 3 小时　　D. 4 小时

26. 头部外伤用什么材料包扎？（　　）

A. 三角巾　　B. 绷带　　C. 以上都对　　D. 以上都不对

27. 头部外伤包扎有哪几种包扎方法？（　　）

A. 三角巾帽式包扎法　　B. 三角巾面具式包扎法

C. 三角巾十字包扎法　　D. 以上都对

28. 颈部外伤可以用三角巾和绷带包扎吗？（　　）

A. 可以　　B. 不可以

29. 止血带可以扎在裸露的部位吗？（　　）

A. 可以　　B. 不可以

30. 螺旋反折包扎法适用于包扎身体的什么部位？（　　）

A. 颈部　　B. 躯干　　C. 小腿　　D. 手部

31. 环形包扎法适用于包扎身体的什么部位？（　　）

A. 额部　　B. 颈部　　C. 腕部　　D. 以上都对

32. 如何判断是否骨折？（　　）

A. 疼痛　　B. 局部肿胀　　C. 肢体功能障碍　　D. 以上都对

33. 以下哪项不属于骨折现场处理的注意事项？（　　）

A. 实施骨折固定时需注意伤员的全身状况

B. 骨折固定不应包括上下两个相邻的关节

C. 固定动作要轻，固定牢固，松紧适度

D. 开放性骨折，切忌将外露骨头复位

34. 骨折固定的目的是让骨折部位复位？（　　）

A. 是　　B. 不是

35. 闭合性骨折有畸形时，需要将其拉直再行固定吗？（　　）

A. 需要　　B. 不需要

36. 应该将固定肢体的指（趾）头暴露在外吗？（　　）

A. 应该　　B. 不应该

37. 颈椎骨折固定时不可以做以下哪项？（　　）

A. 使伤员仰卧　　B. 让头偏向一侧，以防止呕吐

C. 在头的枕部垫一薄枕　　D. 用一条带子通过伤员额部固定

38. 胸椎、腰椎骨折如何固定？（　　）

A. 使伤员平直仰卧在硬质木板或其他板上

B. 在伤处垫一薄枕，使脊柱稍向前突

C. 以上都对

D. 以上都错

39. 以下哪项不是脊柱骨折搬运时的注意事项？（　　）

A. 搬运工具应该用硬质担架

B. 搬运工具不能用软质担架

C. 在无多人的情况下，搬运时也可以用背扛受伤者

D. 尽量避免频繁搬动和颠簸

40. 心肺复苏的概念是指对心脏骤停所致的全身血液循环中断、呼吸停止和意识丧失所采取的一系列抢救措施？（　　）

A. 是　　B. 不是

41. CPR 三次重大变革包括自动体外除颤仪吗？（　　）

A. 包括　　B. 不包括

42. 在常温下，脑细胞在没有氧气供应时超过多长时间就会发生不可逆的损伤？（　　）

A. 1～2 分钟　　B. 2～5 分钟　　C. 4～10 分钟　　D. 10 分钟以上

43. 心搏骤停是心脏猝死的直接原因吗？（　　）

A. 是　　B. 不是

44. 缺血性心脏病是心搏骤停最常见的原因吗？（　　）

A. 是　　B. 不是

45. 对于机上患病乘客是否存在呼吸、心搏骤停，乘务员应从哪几个方面综合判断？（　　）

A. 突然的意识丧失　　B. 呼吸停止

C. 面色苍白或青紫　　D. 以上都是

46. 可以通过轻拍或摇晃患者肩膀并大声询问的方式来判断病人有无意识吗？（　　）

A. 可以　　B. 不可以

47. 如何判断患者有无呼吸？（　　）

A. 看　　B. 听　　C. 感觉　　D. 以上都是

48. 心肺复苏的体位是什么？（　　）

A. 俯卧位　　B. 侧卧位　　C. 仰卧位　　D. 半卧位

49. 初级心肺复苏的措施主要包括哪些？（　　）

A. 开放气道、口对口人工呼吸、建立静脉通道

B. 开放气道、口对口人工呼吸、必要的药物

C. 开放气道、口对口人工呼吸、胸外心脏按压

D. 开放气道、口对口人工呼吸、气管插管

50. 如何保持呼吸道通畅？（　　）

A. 清理呼吸道　　B. 开放气道　　C. 以上都对　　D. 以上都不对

51. 开放气道有哪几种方法？（　　）

A. 仰头抬颏法　　B. 仰头抬颈法　　C. 托颌法　　D. 以上都是

52. CPR 时，胸外按压的最佳频率是多少？（　　）

A. 60 次 / 分钟　　B. 80 次 / 分钟　　C. 100 次 / 分钟　　D. 120 次 / 分钟

53. CPR 操作时，胸外按压与通气的比例是多少？（　　）

A. 5：1　　B. 15：1　　C. 30：1　　D. 30：2

54. 建立人工循环的具体措施有哪些？（　　）

A. 心前区叩击 + 人工呼吸　　B. 胸外心脏按压 + 人工呼吸

C. 心前区叩击 + 胸外心脏按压　　D. 胸外心脏按压 + 除颤

55. 心前区叩击法的操作要点有哪些？（　　）

A. 将手握成拳

B. 从距胸壁 20～25cm 的高度

C. 向胸骨中下 1/3 段较为有力度叩击 1～2 次

D. 以上都是

56. 以下哪个是成人胸外按压的位置？（　　）

A. 胸骨中上 1/3 交界处　　B. 胸骨中段

C. 两乳连线中点　　D. 胸骨下段

57. 造成心搏骤停的心胸外科疾病，主要包括哪些？（　　）

A. 窒息　　B. 阻塞性肺疾患　　C. 气道异物梗塞　　D. 以上都是

58. 心肺复苏的三部曲包括哪些？（　　）

A. 保持呼吸道畅通、人工呼吸、人工循环

B. 保持呼吸道畅通、人工呼吸、除颤

C. 保持呼吸道畅通、胸外按压、除颤

D. 人工呼吸、胸外按压、除颤

59. 如何判断心肺复苏的效果？（　　）

A. 出现大动脉搏动　　B. 瞳孔由大缩小

C. 紫绀减轻，自主呼吸恢复　　D. 以上都对

60. 在什么情况下才能放弃心肺复苏操作？（　　）

A. 患者恢复了自主呼吸和循环

B. 有专业医务人员接替

C. 有可靠体征提示存在不可逆的死亡

D. 以上都对

61. 早期电除颤对救治心搏骤停至关重要，以下哪点原因是错误的？（　　）

A. 心搏骤停最常见的心律失常是心室颤动

B. 治疗心室颤动最有效的手段是心脏除颤

C. 心脏除颤必须要与人工呼吸同时进行

D. 心室颤动不及时除颤，将会迅速演变成心搏停搏

62. 以下 AED 的操作程序哪项是错误的？（　　）

A. 打开电源、分析心律、粘贴电极板、离开病人并按电击按钮

B. 打开电源、粘贴电极板、分析心律、离开病人并按电击按钮

63. 生存链主要体现在哪四个方面？（　　）

A. 早期识别求救、早期人工呼吸、早期电除颤、早期 CPR

B. 早期人工呼吸、早期电除颤、早期 CPR、早期高级生命支持

C. 早期识别求救、早期 CPR、早期电除颤、早期高级生命支持

D. 早期人工呼吸、早期气管插管、早期电除颤、早期 CPR

64. 指压止血法是常用的止血方法吗？（　　）

A. 是　　B. 否

65. 全身出血达到 1 000mL 时，就会有生命危险。（　　）

A. 是　　B. 否

66. 面动脉是在下颌骨与咬肌前缘凹陷处吗？（　　）

A. 是　　B. 否

67. 股动脉是在腹股沟中点稍下方吗？（　　）

A. 是　　B. 否

68. 在 250 人以上的旅客座位数的飞机上配备 2 个急救箱。(　　)

A. 对　　B. 错

69. 止血带止血法适用于全身外伤的出血。(　　)

A. 对　　B. 错

70. 三角巾仅适用于包扎头部外伤。(　　)

A. 对　　B. 错

71. 止血带结扎时间应根据出血情况决定。(　　)

A. 对　　B. 错

72. 骨折固定应根据骨折部位固定，不需要固定上下关节。(　　)

A. 对　　B. 错

73. 心肺复苏术经历了五次重大变革。(　　)

A. 对　　B. 错

74. 儿童按压心脏的位置在两乳连线中点下一横指。(　　)

A. 对　　B. 错

75. 胸外心脏按压的最佳频率为 100 次 / 分钟。(　　)

A. 对　　B. 错

76. 溺水是呼吸骤停的最常见的原因。(　　)

A. 对　　B. 错

77. 测量血压时，应脱去外衣露出左胳膊。(　　)

A. 对　　B. 错

78. 止血带止血法可以用准、垫、远、宜、标、放来概括。(　　)

A. 对　　B. 错

79. 骨折的搬运就是下肢骨折的搬运。(　　)

A. 对　　B. 错

80. 婴儿 CPR 的正确位置在两乳连线中点的下一横指。(　　)

A. 对　　B. 错

81. 儿童心脏按压位置与婴儿相同。(　　)

A. 对　　B. 错

82. 心搏骤停抢救后会成为植物人吗？(　　)

A. 会　　B. 不会

83. 对呼吸道完全梗塞的病人可以用海氏急救法急救吗？(　　)

A. 可以　　B. 不可以

84. 成年人的血量占全身体重的多少？（　　）

A. 5%　　B. 7%　　C. 7%　　D. 8%

85. 急救箱内是否有橡胶手套？（　　）

A. 有　　B. 无

86. 危重成年病人可以采用肱动脉测量脉搏吗？（　　）

A. 可以　　B. 不可以

87. 正常血压是多少？（　　）

A. >120/80mmHg　　B. <120/80mmHg

C. ≥ 140/90mmHg　　D. ≤ 140/90mmHg

88. 年龄和性别可以影响血压吗？（　　）

A. 可以　　B. 不可以

89. 左上肢血压高于右上肢。（　　）

A. 对　　B. 错

90. 呼吸道完全梗塞的病人尚能呼吸、讲话和咳嗽。（　　）

A. 可以　　B. 不可以

91. 人工呼吸的吹气量每次应该是多少（　　）

A. 500～600mL　　B. 600～700mL

C. 700～1 000mL　　D. 1 000～1 500mL

92. 胸外心脏按压定位不准确，不会造成肝破裂。（　　）

A. 对　　B. 错

93. 机上乘务员可以宣布患者死亡吗？（　　）

A. 可以　　B. 不可以

94. 乘客因身体不适向乘务员提出要求时，可以提供应急医疗箱内的药品吗？（　　）

A. 可以　　B. 不可以

95. 癫痫病人发作时，会突然出现似羊叫的尖声吗？（　　）

A. 会　　B. 不会

96. 晕厥常见的原因有血管神经性疾病吗？（　　）

A. 有　　B. 没有

97. 当飞机上乘客出现伴有发热、恶心、呕吐及腹泻的腹痛时，应将病人进行座位隔离。（　　）

A. 对　　B. 错

98. 呼吸道不完全阻塞的病人会在吸气时带有高音调声音吗？（　　）

A. 会　　　　B. 不会

99. 当出血 800～1 000mL 时，不会出现头晕、脉搏增快的症状。（　　）

A. 对　　　　B. 错

100. 出血是不是就是指动脉出血。（　　）

A. 对　　　　B. 错

参考文献

[1] 王利艳 . 民航客舱救护 [M]. 北京：中国民航出版社，2015.
[2] 苏佳灿，李松林 . 空中医疗急救手册 [M]. 上海：第二军医大学出版社，2018.
[3] 蔡建良 . 列车乘务员急救手册（插图版）[M]. 北京：中国铁道出版社，2017.
[4] 吕传柱，于学忠 . 急诊与灾难医学 [M]. 北京：人民卫生出版社，2020.

附录 1

大型飞机公共航空运输承运人运行合格审定规则（摘录）

X 章　应急医疗设备和训练

第 121.741 条　适用范围

本章规定了按照本规则实施载客运行的合格证持有人的机载应急医疗设备和训练的要求，但并不要求合格证持有人及其代理人提供专业的应急医疗服务。

第 121.743 条　应急医疗设备

（a）按照本规则运行的合格证持有人应当在其载客飞机上配备下列应急医疗设备。

（1）急救箱。

（2）应急医疗箱。

（3）卫生防疫包。

（b）本条所要求的各项应急医疗设备。

（1）应当附加名称标识，并有明确的使用方法提示。

（2）应当放置在客舱内，便于机组成员取用。

（3）应当以 6 个月为周期或根据所配物品有效期和更新要求进行定期检查更新，以确保在紧急情况下能够使用。检查更新日期应当标注在包装外。

（c）每架飞机配备的应急医疗设备数量和医疗物品种类应当符合本规则附件 B 的要求。

第 121.745 条　机组成员处置飞行中紧急医学事件的训练

（a）合格证持有人的每一训练大纲中应包括本条规定的，针对每一型别、厂家、构型的飞机，每一机组必需成员，每一运行种类的适用训练内容。

（b）训练应当包括下列内容。

（1）遇有紧急医学事件时的处置程序，包括机组成员之间的协调。

（2）应急医疗设备的存放位置、功能和使用方法。

（3）急救箱、应急医疗箱和卫生防疫包内物品和药品的用途及使用方法。

（4）每一民航乘务员还应训练：

（i）心肺复苏和隔离消毒等知识和操作。

（ii）至少每 24 个月进行一次复训，包括心肺复苏的操作练习。

（c）本条要求的机组成员实际操练和复训不需要达到或者相当于专业急救人员的水平。

附件 B　急救箱、应急医疗箱和卫生防疫包

1. 急救箱

本规则 X 章所规定的机载急救箱应当满足以下条件和要求。

（1）每架飞机在载客飞行中所配急救箱的数量不得少于下表的规定。

旅客座位数	急救箱数量 / 只
100 座以下（含 100 座）	1
101～200 座	2
201～300 座	3
301～400 座	4
401～500 座	5
500 座以上	6

（2）每只急救箱应当能防尘、防潮。

（3）每只急救箱内至少配备以下医疗用品。

项　　目	数　　量
绷带，3 列（5cm），5 列（3cm）	各 5、7 卷
敷料（纱布），（10cm × 10cm）	10 块
三角巾（带安全别针）	5 条
胶布，lcm、2cm（宽度）	各 1 卷
动脉止血带	1 条
外用烧伤药膏	3 支
手臂夹板	1 副
腿部夹板	1 副
医用剪刀	1 把
医用橡胶手套	2 副
皮肤消毒剂及消毒棉	适量
单向活瓣嘴对嘴复苏面罩	1 个
急救箱手册（含物品清单）	1 本
事件记录本或机上应急事件报告单	1 本（若干页）

（4）第（3）项中不适于装在急救箱内的手臂夹板和腿部夹板可以存放在距离急救箱尽可能近的易于取用的位置。

2. 应急医疗箱

本规则 X 章所规定的应急医疗箱应当满足以下条件和要求。

（1）每架飞机在载客飞行时应当至少配备一只应急医疗箱。

（2）应急医疗箱应当能够防尘、防潮，其存放位置应当避免高温或低温环境。

（3）每只应急医疗箱内应当至少配备以下药品和物品。

项　目	数　量
血压计	1 个
听诊器	1 副
口咽气道（三种规格）	各 1 个
静脉止血带	1 条
脐带夹	1 个
医用口罩	2 个
医用橡胶手套	2 副
皮肤消毒剂	适量
消毒棉签（球）	适量
注射器（2mL、5mL）	各 2 支
0.9% 氯化钠溶液	至少 250mL
1 : 1 000 肾上腺素单次用量安瓿	2 支
盐酸苯海拉明注射液	2 支
硝酸甘油片	10 片
醋酸基水杨酸（阿司匹林）口服片	30 片
应急医疗箱手册（含药品和物品清单）	1 本
事件记录或机上应急事件报告单	1 本（若干页）

3. 卫生防疫包

本规则 X 章所规定的卫生防疫包应当满足以下条件和要求。

（1）每架飞机在载客飞行中所配备卫生防疫包的数量不得少于每 100 个旅客座位 1 个（100 座以内配备 1 个）。

（2）每个卫生防疫包应当能够防尘、防潮。

（3）每个卫生防疫包应当配备以下药品和物品。

项　　目	数　　量
液体、排泄物消毒凝固剂	100克
表面清理消毒片	有效成分1～3克
皮肤消毒擦拭纸巾	10块
医用口罩和眼罩	各1个（副）
医用橡胶手套	2副
防渗透橡胶（塑料）围裙	1条
大块吸水纸（毛）巾	2块
便携拾物铲	1套
生物有害物专用垃圾袋	1套
物品清单和使用说明书	1份
事件记录或机上应急事件报告单	1本（若干页）

附录 2
民用航空人员体检合格证管理规则（摘录）

A 章　总　　则

第 67.1 条　目的和依据

为了保证从事民用航空活动的空勤人员和空中交通管制员身体状况符合履行职责和飞行安全的要求，根据《中华人民共和国民用航空法》制定本规则。

第 67.3 条　适用范围

本规则适用于空勤人员和空中交通管制员的体检鉴定以及体检合格证的申请、颁发和监督管理。

第 67.5 条　机构与职责

（a）中国民用航空局（以下简称民航局）负责制定空勤人员和空中交通管制员体检鉴定医学标准、体检鉴定程序要求和体检合格证的管理规定，负责全国体检鉴定和体检合格证的管理工作。

（b）中国民用航空地区管理局（以下简称地区管理局）负责办理本地区空勤人员和空中交通管制员体检合格证申请、审查、颁发和管理工作，对本地区体检鉴定工作实施监督检查。

（c）民航局民用航空人员体检鉴定专家委员会（以下简称专家委员会）主要承担空勤人员和空中交通管制员疑难或者特殊病例的体检鉴定、特许颁发体检合格证的体检鉴定（以下简称特许颁证体检鉴定）、体检鉴定标准和专业技术研究等任务，对民用航空人员体检鉴定机构实施技术支持、指导，并受民航局委托对体检鉴定机构进行技术检查。

（d）民用航空人员体检鉴定机构（以下简称体检机构）根据民航局批准的业务范围承担申请办理体检合格证的体检鉴定任务。

第 67.7 条　体检合格证的要求

申请人通过体检鉴定证明其符合本规则附件 A（附录 3）《空勤人员和空中交通管制员体检合格证医学标准》规定的相应医学标准，方可申请办理《民用航空人员体检合格证》（以下简称体检合格证）。

空勤人员和空中交通管制员履行职责时，应当持有依照本规则取得的有效体检合格证，或者体检合格证认可证书，满足体检合格证或认可证书上载明的限制要求。

任何人不得擅自涂改、伪造体检合格证或者认可证书。

第 67.9 条　定义

本规则使用如下定义：

（a）体检文书是指记录体检合格证申请人体检鉴定信息的所有材料，包括体检鉴定表和体检鉴定结论通知书。

（b）医学资料是指与体检合格证申请人健康有关的诊疗记录（包括门诊、住院以及用药记录），医学检查结果报告以及医学（数字）影像资料，身体状况资料和疗养记录等。

B 章　体检鉴定

第 67.11 条　体检鉴定一般要求

（a）申请人向体检机构提交体检鉴定申请时，应当出示本人身份证明，提供本人医学资料、既往体检文书，接受体检机构按照本规则附件 A《空勤人员和空中交通管制员体检合格证医学标准》和体检鉴定辅助检查项目要求实施的各项医学检查，以及必要的相关检查。

申请人在每次申请体检鉴定时还应当如实提供本人及家族病史信息及相关医学资料。

（b）体检机构受理体检鉴定申请时，应当核对申请人身份，审查其申请材料。申请材料符合要求的，体检机构应当受理体检鉴定申请，并根据所申请体检合格证的类别，按照本规则的要求，组织对其进行体检鉴定。

（c）各科体检医师对申请人进行体格检查，并根据其申请材料、身体状况和有效辅助检查结果（辅助检查结果有效期为 90 日），如实做出并签署是否符合本规则相应医学标准的单科体检鉴定结论；主检医师综合各科鉴定结论如实做出并签署体检鉴定结论。

（d）记录体检鉴定各项检查结果和鉴定结论等信息应当及时准确。

（e）体检机构应当在受理体检鉴定申请后 5 个工作日内作出体检鉴定结论，但是因申请人原因无法完成体检鉴定的除外。

（f）需要对申请人进行补充检查、医学观察或者专家鉴定等的，体检机构应当及时通知申请人所在单位暂停其履行职责。补充检查、医学观察或者专家鉴定所需时间不计入前款时限。补充检查和医学观察时间自本次体检鉴定之日起不得超过 30 日。

（g）申请人在体检鉴定时应当如实反映健康状况，不得隐瞒病史、病情。体检机构发现申请人可能冒名顶替，提供虚假生物标本，隐瞒病史、病情或擅自涂改、伪造体检文书及医学资料时，应当立即停止体检鉴定，并及时书面报告其所在地地区管理局。

（h）体检医师和体检机构的其他医务人员在对申请人实施体检鉴定和医学检查时，应当尊重申请人的人格和权利，不得恶意造成其身体伤害，不得泄露和传播其身体状况和体检鉴定信息，不得利用职权索取或收受申请人的财物。

第 67.13 条　体检鉴定结论

（a）体检鉴定结论。

（1）合格。经过辅助检查和体检鉴定，申请人身体状况符合本规则附件 A 相应类别体检合格证医学标准的体检鉴定结论为合格。

（2）暂时不合格。经过辅助检查和体检鉴定，申请人身体状况不符合本规则附件 A 相应类别体检合格证医学标准，但体检医师认为通过补充医学资料、进行短期疾病治疗或者医学观察，可以满足相应类别体检合格证医学标准的，体检鉴定结论为暂时不合格。

（3）不合格。经过辅助检查和体检鉴定，申请人身体状况不符合本规则附件 A 相应类别体检合格证医学标准的体检鉴定结论为不合格。

（b）合格的体检鉴定结论作出后的 3 个工作日内，体检机构应当通知申请人及其所在单位。

（c）暂时不合格的体检鉴定结论作出后，体检机构应当签署体检鉴定暂时不合格结论通知书，在 24 小时内通知申请人及其所在单位，并报告其所在地地区管理局。

在暂时不合格的体检鉴定结论作出后 90 日内，申请人按照体检医师的要求补充相应医学资料、接受相应疾病治疗或者医学观察，并接受体检医师的单科检查的，体检机构应当作出相应体检鉴定结论。超过 90 日未进行补充相应医学资料、未完成疾病治疗或者医学观察的，应当重新申请体检鉴定。重新进行体检鉴定时，体检医师不得以同一原因再次作出暂时不合格结论。

（d）体检鉴定不合格结论作出后，体检机构应当签署体检鉴定结论通知书，并在 24 小时内通知申请人及其所在单位，同时报告其所在地地区管理局备案。

第 67.15 条　特许颁证体检鉴定

（a）按照本规则第 67.43 条的规定申请特许颁发体检合格证的申请人应当接受特许颁证体检鉴定。

（b）特许颁证体检鉴定由专家委员会组织实施。

（c）特许颁证体检鉴定的检查项目除按照本规则附件 A 相应类别体检合格证医学标准要求的检查项目外，还可以根据申请人的身体状况，增加必要的医学检查项目。必要时，可以在模拟履行职责的状态下进行医学检查、健康检查和岗位能力测试。

（d）特许颁证体检鉴定结论。

（1）合格。经过审查或者特许颁证体检鉴定，认为申请人身体状况符合本规则附件 A

相应类别体检合格证医学标准，无须特许即可合格的，其鉴定结论为合格。

（2）特许鉴定合格。经过特许颁证体检鉴定，认为申请人身体状况在满足相应限制条件下，能够安全履行职责的，其鉴定结论为特许鉴定合格。

（3）特许鉴定不合格。经过特许颁证体检鉴定，认为申请人身体状况不能够安全履行职责，或者没有充分证据证明其可以安全履行职责的，其鉴定结论为特许鉴定不合格。

（e）特许颁证体检鉴定应当在 30 个工作日内完成。鉴定结论应当书面通知申请人及其所在单位，并报告民航局及申请人所在地地区管理局。

第 67.17 条　疑难或特殊病例体检鉴定

（a）体检机构在体检鉴定中发现疑难或特殊病例时，应当及时报告所在地地区管理局，并送交专家委员会进行专家鉴定。

（b）专家委员会应当按照专家委员会章程规定的程序组织专家对疑难或特殊病例实施体检鉴定，作出体检鉴定结论，并书面通知申请人及其所在单位，同时报告其所在地地区管理局。

C 章　体检合格证

第 67.19 条　体检合格证类别

体检合格证分下列类别。

（1）Ⅰ级体检合格证。

（2）Ⅱ级体检合格证。

（3）Ⅲ级体检合格证，包括Ⅲ a、Ⅲ b 级体检合格证。

（4）Ⅳ级体检合格证，包括Ⅳ a、Ⅳ b 级体检合格证。

各级体检合格证适用的医学标准见附件 A《空勤人员和空中交通管制员体检合格证医学标准》。

第 67.21 条　体检合格证适用人员

（a）航线运输驾驶员执照、多人制机组驾驶员执照、商用驾驶员执照（飞机、直升机或倾转旋翼机航空器类别等级）申请人或者持有人应当取得并持有Ⅰ级体检合格证。

（b）除（a）款之外的其他航空器驾驶员执照、飞行机械员执照申请人或者持有人应当取得并持有Ⅱ级体检合格证。

（c）机场管制员、进近管制员、区域管制员、进近雷达管制员、精密进近雷达管制员、区域雷达管制员应当取得并持有Ⅲ a 级体检合格证；飞行服务管制员、运行监控管制员应当取得并持有Ⅲ b 级体检合格证。

（d）民航乘务员应当取得并持有Ⅳ a 级体检合格证。

（e）航空安全员应当取得并持有Ⅳ b 级体检合格证。

第 67.23 条　体检合格证申请条件

体检合格证申请人应当符合本规则附件 A《空勤人员和空中交通管制员体检合格证医学标准》规定的相应医学标准，并取得民航局认可的体检机构出具的体检鉴定合格结论。

第 67.25 条　申请与受理

（a）体检合格证申请人应当在获得体检鉴定合格结论后 15 日内向所在地地区管理局提出申请，提交与本次申请办理体检合格证有关的体检文书和医学资料等。

（b）受理机关在收到申请人办理体检合格证的申请后，应当进行初步审查，并根据下列情况分别作出是否受理申请的决定。

（1）不需要取得体检合格证的，应当即时告知申请人不受理。

（2）不属于本机关职权范围的，应当即时作出不予受理的决定，并告知申请人向有关行政机关申请。

（3）申请材料不齐全或者不符合法定形式的，能够当场补正的，要求申请人当场补正。不能够当场补正的，在 5 个工作日内一次性告知申请人需要补正的全部内容。逾期不告知的，自收到申请材料之日起即为受理。

（4）申请事项属于本机关职权范围的，且材料齐全、符合法定形式，或者申请人按照要求提交全部补正材料的，应当受理，并告知申请人。

（c）以信函方式提出体检合格证申请的，受理时间以受理机关签收为准；以传真、电子数据交换和电子邮件提出申请的，受理时间以进入接收设备记录时间为准；申请材料不齐全或者不符合法定形式的，受理时间以收到全部补正材料时间为准。

第 67.27 条　审查

（a）受理机关应当在受理申请人办证申请之日起 20 个工作日内完成办证审查并作出处理决定。20 个工作日内不能作出决定的，经受理机关负责人批准，可以延长 10 个工作日，并应当将延长理由告知申请人。

（b）审查的主要内容。

（1）申请人的基本信息。

（2）体检文书和医学资料。

（3）体检项目和辅助检查项目的符合性。

（4）体检鉴定结论的符合性。

（5）其他必要的内容。

（c）受理机关根据审查结果作出下列处理决定，并书面通知相关机构和人员。

（1）认为体检文书和医学资料齐全、体检项目和辅助检查项目符合本规则要求、鉴定结论符合本规则相应医学标准的，应当作出体检合格证颁发许可决定。

（2）认为体检鉴定没有针对申请人申请的体检合格证类别相应医学标准和辅助检查项目及频度等要求进行的，应当作出不予许可决定。

（3）认为体检医师适用医学标准不当，作出错误结论的，应当作出不予许可决定，并通知体检机构纠正错误；

（4）认为需要对体检鉴定结论符合性进行进一步认定的，送请专家委员会进行专家鉴定，并通知申请人。专家鉴定不计入审查期限。

第 67.29 条　颁发

（a）受理机关作出体检合格证颁发许可决定后，颁发体检合格证（样式见附件 B）。

（b）受理机关审查认为申请人的条件不能满足本规则要求的，作出不予颁发体检合格证的行政许可决定，并填写不予颁发体检合格证通知书。不予颁发体检合格证通知书中应当说明不予颁发的理由。

第 67.31 条　送达

（a）受理机关能够作出颁发体检合格证许可决定的，在作出许可决定之日起 10 个工作日内将体检合格证送达申请人。

（b）受理机关能够当场作出不予颁发体检合格证处理意见的，当场将不予颁发体检合格证通知书送达申请人。不能当场送达的，在审查期限内送达申请人。在送达同时告知申请人享有依法申请行政复议或者行政诉讼的权利。

（c）体检合格证可以通过直接送达、邮寄送达或者由申请人自行领取等方式送达。体检合格证送达必须保留送达回执或者邮寄凭证或者领取签收记录等。

第 67.33 条　有效期

（a）体检合格证自颁发之日起生效。年龄计算以申请人进行体检鉴定时的实际年龄为准。

（b）Ⅰ级体检合格证有效期为 12 个月，年龄满 60 周岁以上者为 6 个月。其中参加《大型飞机公共航空运输承运人运行合格审定规则》（CCAR121）规定运行的驾驶员年龄满 40 周岁以上者为 6 个月。

（c）Ⅱ级体检合格证有效期为 60 个月。其中年龄满 40 周岁以上者为 24 个月。

（d）根据体检合格证持有人所履行的职责，Ⅲ级体检合格证的有效期。

（1）Ⅲ a 级体检合格证有效期为 24 个月。其中年龄满 40 周岁以上者为 12 个月。

（2）Ⅲ b 级体检合格证有效期为 24 个月。

（e）Ⅳ a 级体检合格证和Ⅳ b 级体检合格证有效期为 12 个月。

（f）体检合格证持有人可以在体检合格证有效期届满 30 日前，按照本规则的规定，申请更新体检合格证。

第 67.35 条　有效期的延长

（a）体检合格证持有人由于特殊原因不能在体检合格证有效期届满前进行体检鉴定、更新体检合格证，又必须履行职责时，应当在体检合格证有效期届满前向原颁证机关申请延长体检合格证的有效期。

（b）颁证机关接到延长有效期申请后，可以要求体检合格证持有人提供航空医师或执业医师对申请人进行指定项目的检查，并根据情况决定是否推迟体检鉴定、延长体检合格证的有效期。有效期延长时间不得超过下述期限。

（1）第 67.33 条（b）、（d）、（e）款规定的体检合格证持有人不超过 45 日。

（2）第 67.33 条（c）款规定的体检合格证持有人不超过 90 日。

（c）颁证机关应当在体检合格证有效期届满前做出决定，同意申请人体检合格证有效期延长的，应当以书面同意函通知申请人和其所在单位。

第 67.37 条　符合性要求

（a）体检合格证持有人履行职责时应当遵守以下要求。

（1）持有相应的有效体检合格证。

（2）遵守体检合格证上载明的限制要求。

（3）在身体状况发生变化可能不符合所持体检合格证的相应医学标准时，停止履行职责，并报告所在单位管理部门。

（b）体检合格证持有人所在单位应当遵守以下要求。

（1）在体检合格证持有人履行职责前，确认其身体状况符合所持体检合格证的相应医学标准，并能够满足履行职责的需要。

（2）建立体检合格证持有人健康观察档案，了解掌握其健康状况，实施健康风险管理和相应医疗保健措施，并将其纳入单位安全管理系统（SMS）。

（3）督促患有疾病的体检合格证持有人有针对性的采取疾病矫治措施。

第 67.39 条　补发体检合格证

持有人在体检合格证遗失或损坏后，应当向原颁证机关申请补发。颁证机关审查确认申请人体检合格证在有效期内且相关信息属实后，可为其补发与原体检合格证所载内容相同的体检合格证。

第 67.41 条　信息变更

体检合格证载明的姓名和国籍等信息发生变化时，持有人应当向原颁证机关申请信息变更。颁证机关审查确认申请人有关信息属实后，为其办理体检合格证变更，同时收回变更前的体检合格证。变更后的体检合格证的有效期和限制要求与原体检合格证相同。

第 67.43 条　特许颁发

（a）再次申请 Ⅰ、Ⅱ 和Ⅲa 级体检合格证的申请人（学员和学生驾驶员除外），在体检鉴定结论不合格时，如果有充分理由证明能够安全履行职责，并且不会因为履行职责加重病情或者使健康状况恶化时，可以向专家委员会提出特许颁证体检鉴定的申请，并提交下列文件。

（1）申请表。

（2）所在单位证明文件（私用驾驶员执照持有人除外）。

（3）所在地地区管理局指定技术专家出具的技术能力证明文件。

（4）体检文书和医学资料。

（5）需要提交的其他资料。

（b）专家委员会对申请人提交的全部材料进行初步审查。符合申请条件的，按照本规则第 67.15 条的规定组织进行特许颁证体检鉴定；不符合申请条件的，退回申请人。

（c）特许鉴定合格的申请人可以向地区管理局提出特许颁发体检合格证申请。

（d）地区管理局按照本规则第 67.25 条和第 67.27 条的规定进行受理和审查。根据申请人的基本情况、履行职责时承担的安全责任、可接受的保证安全履行职责采用的医疗措施以及实施的可能性等因素，作出特许颁发体检合格证的许可决定。准予特许的，颁发体检合格证；不予特许的，签署不予颁证意见，并书面通知申请人及其所在单位，并告知申请人所属体检机构。

（e）特许颁发的体检合格证上应当载明下列一项或多项限制条件。

（1）职责或任务限制。

（2）履行职责的时间限制。

（3）安全履行职责必需的医疗保障要求。

（4）必要的其他限制。

第 67.45 条　外籍飞行人员体检合格证管理

（a）持有其他国际民航组织缔约国民航当局颁发的有效体检合格证的外籍民用航空器驾驶员，在申请参加公共航空、通用航空、飞行院校等民用航空器运行单位飞行运行不足 120 日（含本数）的，可以申请取得所在地地区管理局签发的外籍飞行人员体检合格证认可证书，样式见附件 C；超过 120 日的，应当申请办理按照本规则颁发的体检合格证。

（b）外籍飞行人员按照本规则的规定申请体检机构的体检鉴定，取得符合本规则标准的体检鉴定合格结论后，可以向其所在地地区管理局申请办理体检合格证。

（c）地区管理局在收到外籍飞行人员办理体检合格证或认可证书的申请后，按照本规则第 67.25 条和第 67.27 条的规定进行受理和审查。审查认为符合相应要求的，给予颁发相应的体检合格证或体检合格证认可证书；审查认为不符合相应要求的，不予颁发体检合格证或体检合格证认可证书，并书面通知申请人和所在单位。

（d）参加中国航空单位飞行运行的外籍飞行人员履行职责时，应当同时持有其他国际民航组织缔约国民航当局颁发的有效体检合格证和依照本规则颁发的有效认可证书，或者持有依照本规则颁发的有效体检合格证。

D章　监督检查

第 67.47 条　监督检查

（a）民航局应当建立健全监督检查制度，监督检查体检鉴定和颁发体检合格证等工作，及时纠正违法、违规和违纪的行为。

管理局应当建立健全本地区体检鉴定和申请办理体检合格证管理制度，监督检查本地区体检鉴定等工作，及时纠正违法、违规和违纪的行为。

（b）民航管理部门应当依据本规则对体检合格证持有人履行职责时体检合格证和体检合格证认可证书的有效性进行监督检查。监督检查时不得妨碍其正常的生产经营活动，不得索取或者收受被许可人的财物，不得牟取其他利益。

第 67.49 条　许可的撤销

（a）民航管理部门在检查中发现有下列情形之一的，颁证机关可以撤销已作出的颁发体检合格证或者认可证书的行政许可决定。

（1）工作人员滥用职权、玩忽职守颁发的体检合格证。

（2）超越法定职权颁发的体检合格证。

（3）违反法定程序颁发的体检合格证。

（4）为不具备申请资格或者不符合本规则相应医学标准的申请人颁发的体检合格证。

（5）体检合格证申请人以欺骗、贿赂等不正当手段取得的体检合格证或者认可证书。

（6）依法可以撤销的其他情形。

（b）体检合格证申请人以欺骗、贿赂等不正当手段取得的体检合格证或者认可证书的，申请人在三年内不得再次提出申请。

第 67.51 条　体检合格证的注销

有下列情形之一的，颁证机关应当收回体检合格证，办理注销手续，并以书面形式告知体检合格证持有人（已经死亡的除外）和所在单位注销理由及依据。

（a）体检合格证有效期届满未延续的。

（b）体检合格证持有人死亡或者丧失行为能力的。

（c）体检合格证被依法撤销的。

（d）法律、法规规定的应当注销行政许可的其他情形。

第 67.53 条　禁止行为

（a）体检合格证申请人不得有下列行为。

（1）隐瞒或者伪造病史、病情，或者冒名顶替，或者提供虚假申请材料的。

（2）涂改或者伪造、变造、倒卖、出售体检文书及医学资料的。

（b）任何人员不得有下列行为。

（1）协助申请人隐瞒或者伪造病史、病情，或者提供虚假申请材料，或者提供非申请人本人生物标本，或者在体检鉴定时冒名顶替的。

（2）涂改、伪造、变造或者倒卖、出售体检合格证的。

（3）未取得体检合格证从事民用航空活动的。

E 章　法律责任

第 67.55 条　体检合格证申请人违反本规则规定的行为

体检合格证申请人违反本规则规定有下列行为之一的，地区管理局依据情节，对当事人处以警告或者 500 元以上 1 000 元以下罚款。涉嫌构成犯罪的，依法移送司法机关处理。

（a）隐瞒或者伪造病史、病情，或者冒名顶替，或者提供虚假申请材料的。

（b）涂改或者伪造、变造、倒卖、出售体检文书及医学资料的。

第 67.57 条　体检合格证持有人违反本规则的行为

体检合格证持有人违反本规则规定有下列行为之一的，地区管理局应当责令当事人停止履行职责，并对其处以警告或者 500 元以上 1 000 元以下罚款。

（a）从事相应民用航空活动时未携带有效体检合格证或者使用的体检合格证等级与所履行职责不相符的。

（b）发现身体状况发生变化，可能不符合所持体检合格证的相应医学标准时，不按照程序报告的。

（c）履行职责时未遵守体检合格证上载明的限制条件的。

第 67.59 条　其他违反本规则规定的行为

（a）任何机构使用未取得或者未持有有效体检合格证人员从事相应民用航空活动的，民航局或地区管理局应当责令其立即停止活动，并对其处以 20 万元以下的罚款；对直接责任人处以 500 元以上 1 000 元以下的罚款；涉嫌构成犯罪的，依法移送司法机关处理。

（b）任何人员违反本规则规定有下列行为之一的，民航局或地区管理局可以对其处以警告或者 500 元以上 1 000 元以下罚款；涉嫌构成犯罪的，依法移送司法机关处理。

（1）协助申请人隐瞒或者伪造病史、病情，或者提供虚假申请材料，或者提供非申请人本人生物标本，或者在体检鉴定时冒名顶替的。

（2）涂改、伪造、变造或者倒卖、出售涂改、伪造、变造的体检合格证的。

（3）未取得体检合格证从事民用航空活动的。

第 67.61 条　颁证机关工作人员违反本规则规定的行为

颁证机关工作人员在办理体检合格证时违反法律、行政法规或本规则规定，或者不依法履行本规则第 67.47 条规定的监督检查职责的，由其上级行政机关或者监察机关责令改正；情节严重的，由其上级行政机关或者监察机关依法给予行政处分；构成犯罪的，依法追究刑事责任。

附录 3 空勤人员和空中交通管制员体检合格证医学标准（摘录）

第四章　Ⅳ级体检合格证的医学标准

1. 一般条件

无下列影响安全履行职责或因履行职责而加重的疾病或功能障碍。

（1）先天性或后天获得性功能及形态异常。

（2）可能导致失能的活动性、隐匿性、急性或慢性疾病。

（3）创伤、损伤或手术后遗症。

（4）使用处方或非处方药物对身体造成的不良影响。

（5）恶性肿瘤。

（6）可能导致失能的良性占位性病变。

（7）心脏、肝脏、肾脏等器官移植。

2. 精神科

无下列影响安全履行职责的精神疾病的明确病史或临床诊断。

（1）器质性（包括症状性）精神障碍。

（2）使用或依赖鸦片、海洛因、甲基苯丙胺（冰毒）、吗啡、大麻、可卡因，以及国家规定管制的其他能够使人形成瘾癖的麻醉药品和精神药品。

（3）酒精滥用或依赖。

（4）精神分裂症、分裂型及妄想性障碍。

（5）心境（情感性）障碍。

（6）神经症性、应激性及躯体形式障碍。

（7）伴有生理障碍及躯体因素的行为综合征。

（8）成人的人格与行为障碍。

（9）精神发育迟缓。

（10）心理发育障碍。

（11）通常起病于儿童及少年期的行为与情绪障碍。

（12）未特定的精神障碍。

3. 神经系统

无下列神经系统疾病的明确病史或临床诊断。

（1）癫痫。

（2）原因不明或难以预防的意识障碍。

（3）可能影响安全履行职责的脑血管疾病、颅脑损伤及其并发症或其他神经系统疾病。

4. 循环系统

无下列循环系统疾病的明确病史或临床诊断。

（1）冠心病。

（2）严重的心律失常。

（3）严重的心脏瓣膜疾病或心脏瓣膜置换。

（4）永久性心脏起搏器植入。

（5）收缩压 / 舒张压持续高于 155/95mmHg，或伴有症状的低血压。

（6）其他可能影响安全履行职责的循环系统疾病。

5. 呼吸系统

无下列呼吸系统疾病或功能障碍。

（1）活动性肺结核。

（2）可能影响安全履行职责的气胸。

（3）胸部纵隔或胸膜的活动性疾病。

（4）影响呼吸功能的胸壁疾病、畸形或胸部手术后遗症。

（5）可能影响安全履行职责的慢性阻塞性肺疾病或哮喘。

（6）其他可能影响安全履行职责的呼吸系统疾病或手术后遗症。

6. 消化系统

无下列消化系统疾病或临床诊断。

（1）肝硬化。

（2）可能导致失能的疝。

（3）消化性溃疡及其并发症。

（4）有症状的胆道系统结石。

（5）其他可能影响安全履行职责的消化系统疾病或手术后遗症。

7. 传染病

无下列传染病或临床诊断。

（1）病毒性肝炎。

（2）梅毒。

（3）获得性免疫缺陷综合征（AIDS）。

（4）痢疾。

（5）伤寒。

（6）人类免疫缺陷病毒（HIV）阳性。

（7）其他可能影响安全履行职责或他人健康的传染性疾病。

8. 代谢、免疫和内分泌系统

无下列代谢、免疫和内分泌系统疾病。

（1）使用胰岛素控制的糖尿病。

（2）使用可能影响安全履行职责的药物控制的糖尿病。

（3）其他可能影响安全履行职责的代谢、免疫和内分泌系统疾病。

9. 血液系统

无严重的脾脏肿大及其他可能影响安全履行职责的血液系统疾病。

10. 泌尿生殖系统

无下列泌尿生殖系统疾病或临床诊断。

（1）有症状的泌尿系统结石。

（2）其他可能影响安全履行职责的泌尿生殖系统疾病、妇科疾病及手术后遗症或功能障碍。

11. 妊娠

申请人妊娠期内不合格。

12. 骨骼、肌肉系统

无可能影响安全履行职责的骨骼、关节、肌肉或肌腱的疾病、损伤、手术后遗症及功能障碍；其身高、臂长、腿长和肌力应当满足履行职责的需要。

13. 皮肤及其附属器

无可能影响安全履行职责的皮肤及其附属器的疾病。

14. 耳、鼻、咽、喉及口腔

无下列耳、鼻、咽、喉、口腔疾病或功能障碍。

（1）难以治愈的耳气压功能不良。

（2）前庭功能障碍。

（3）可能影响安全履行职责的言语功能障碍。

（4）其他可能影响安全履行职责的耳、鼻、咽、喉、口腔疾病或功能障碍。

15. 听力

进行低语音耳语听力检查，每耳听力不低于 5 米。

16. 眼及其附属器

无下列可能影响安全履行职责的眼及其附属器的疾病或功能障碍。

（1）视野异常。

（2）色盲。

（3）夜盲。

（4）其他可能影响安全履行职责的眼及其附属器的疾病、手术或创伤后遗症。

17. 远视力

取得Ⅳ a 级体检合格证每眼矫正或未矫正的远视力应当达到 0.5 或以上。如果仅在使用矫正镜（眼镜或接触镜）时才能满足以上规定，在履行职责时，应当佩戴矫正镜，且备有一副随时可取用的，与所戴矫正镜度数相同的备份矫正镜。

取得Ⅳ b 级体检合格证每眼裸眼远视力应当达到 0.7 或以上。

附录 4

常用人体检验项目的正常参考值及其临床意义

一、血常规检验

项　目	正常参考值	单位	临 床 意 义
白细胞总数	4.0～10.0	10^9/L	生理增高：初生儿、妊娠末期、分娩期、经期、剧烈运动后、极度恐惧等。 ↑ 化脓性感染、严重损伤、大出血、中毒、白血病、传染性单核细胞增多症。 ↓ 病毒感染、伤寒、疟疾、再生障碍性贫血、极度严重感染、X 线及镭照射、肿瘤化疗。
红细胞计数	男 4.0～5.50 女 3.5～5.0	10^{12}/L	生理性增高：新生儿、高原居住者。 ↑ 真性红细胞增多症、代偿性红细胞增多症。 ↓ 各种贫血、白血病、失血。
血红蛋白	男 120～160 女 110～150	g/L	↑↓同红细胞计数，一般情况下红细胞与血红蛋白之间有一定的比例关系，同时测定两者，对部分贫血诊断和鉴别诊断有帮助。
血小板计数	100～350	10^9/L	↑ >400 为增多，见于急性失血和溶血后一过性增多；持续增多见于真性红细胞增多症、慢性粒细胞性白血病、多发性骨髓瘤及某些恶性肿瘤早期。 ↓ 1. 血小板生成减少，如再生障碍性贫血、急性白血病、急性放射病。 2. 血小板破坏过多，如特发性血小板减少性紫癜、脾功能亢进。 3. 血小板消耗过多，见于弥散性血管内凝血、血栓性血小板减少性紫癜。

二、尿常规检验

项　目	正常参考值	临 床 意 义
尿胆原	弱阳性	阳性：见于溶血性黄疸及肝病。
胆红素	阴性	阳性：见于梗阻性黄疸（胆道蛔虫、胆石症、胆道肿物、胰头癌等）、肝细胞性黄疸（肝癌、肝硬化、肝细胞坏死、急慢性肝炎）。
酮体	阴性	阳性:见于糖尿病酮症、妊娠呕吐、子痫、腹泻及各种原因造成的呕吐等。

续表

项　目	正常参考值	临床意义
血	阴性	阳性：见于血尿及 Hb 尿。如肾及膀胱炎、肾结核、肾结石、肾盂肾炎。
蛋白质	阴性	肾炎、肾病、泌尿系统感染疾病时增高。
亚硝酸盐	阴性	阳性：见于膀胱炎、肾盂肾炎。
白细胞	阴性	阳性：泌尿系统感染、前列腺炎等。
葡萄糖	阴性	阳性：糖尿病、肾性糖尿病时。
比重	1.002～1.030	↑ 常见于急性肾小球肾炎、心功能不全、高热、脱水、糖尿病等。 ↓ 常见于慢性肾功能不全、尿崩症等。
pH 值	约 6.5	一般在 4.5～8.0 波动，受饮食及药物影响，酸中毒时降低，碱中毒时增高。

三、肾功能检验

项　目	正常参考值	单位	临床意义
血清尿素	成人 2.2～2.7 随年龄增长有上升趋势	mmol/L 动态法	在 8.2～17.9 时见于生产过剩（如高蛋白饮食、糖尿病、重症肝病、高热等）或排泄障碍（如轻度肾功能低下、高血压、尿路闭塞）。在 17.9～35.7 时，见于尿毒症前期、肝硬化。在 35.7 以上见于严重肾功能衰竭、尿毒症。
血清肌酐	44～106 比色法	Umol/L	↑ 严重肾功能不全、各种肾障碍。
血清尿酸	男 0.21～0.44 女 0.15～0.35	mmol/L	↑ 痛风、肾功能减退、核酸代谢增加（白血病、多发性骨髓瘤、真性红细胞增多症）、氯仿中毒、四氯化碳中毒、铅中毒及子痫、妊娠均可引起增高。
血清钾	3.5～5.3	mmol/L	↑ 严重溶血及烧伤、心功能不全、呼吸障碍、休克、肾功能衰竭、大量用毛地黄素。 ↓ 摄入量减少、利尿药、碱中毒、大量使用胰岛素后、频繁呕吐腹泻。
血清钠	135～145	mmol/L	↑ 严重脱水、出汗、烧伤、多尿、肾皮质机能亢进。 ↓ 肾脏失钠如肾皮质机能不全、重症肾盂肾炎，呕吐、腹泻、抗利尿药过多。
血清氯	96～108	mmol/L	↑ 高钠血症、呼吸性碱中毒、代谢性酸中毒、少尿。 ↓ 低钠血症、严重呕吐、腹泻、肾功能减退、代谢性碱中毒、阿狄森氏病等。
血清钙	2.1～2.8	mmol/L	↑ 常见于骨肿瘤、甲状腺功能亢进、骨萎缩及维生素 D 摄入过多。 ↑ 维生素 D 缺乏、佝偻病、软骨病、小儿手抽搐症、老年骨质疏松、铅吸收不良等。

四、肝功能检验

项目	正常参考值	单位	临床意义
血清总胆红素	2.0-19	Umol/L	↑ 急性肝炎、慢性活动性肝炎、阻塞性黄疸、肝硬化、溶血性黄疸、新生儿黄疸、胆石症、胰头癌等。
谷丙转氨酶或丙氨酸氨基转移酶	5～40 动态法	U/L	↑ 急慢性肝炎、脂肪肝、肝癌、药物性肝损害、胆管炎、胆囊炎、心肌梗死、心肌炎、骨骼肌疾病、多发性肌炎、肌营养不良。
谷草转氨酶或门冬氨酸氨基转移酶	8～40 动态法	U/L	↑ 心肌梗死在发病后 6～12 小时内显著增高，在 48 小时达到高峰，约 3～5 天后恢复正常。各种肝病、肌炎、胸膜炎、肾炎及肺炎也可增高。
血清总蛋白	成人 60～80 儿童稍低	g/L	↑ 高度脱水如腹泻、呕吐、休克、高热及多发性骨髓瘤等。 ↓ 恶性肿瘤、重症结核、肝硬化、肾病综合征、烧伤等。
血清白蛋白	35～55	g/L	↑ 严重脱水。↓与血清总蛋白同。
血清球蛋白	20～30	g/L	↑ 肝硬化、红斑狼疮、硬皮病、结核、疟疾、骨髓瘤等。
白蛋白 / 球蛋白	1.5～2.5：1		小于 1 呈倒置者，常见于肾病综合征、慢性肝炎及肝硬化等。

五、心脏功能检验

项目	正常参考值	单位	临床意义
肌酸激酶同功酶	0～5	U/L	↑急性心肌梗死 4～8 小时内开始升高，12～24 小时达高峰，48～72 小时后恢复正常。若 72 小时后仍保持高值，说明梗死在扩散，预后不良。若 72 小时后此酶恢复正常后又再度升高，说明心肌梗死复发。
肌酸激酶	25～200	U/L	↑心肌梗死 4～6 小时升高，18～36 小时可达最高峰，2～4 天恢复正常。
乳酸脱氢酶	280～460	U/L	↑ 急性心肌梗死发作后 12～24 小时开始升高，2～4 小时达高峰，8～9 天恢复正常。
α - 羟丁酸脱氢酶	80～220	U/L	↑ 与乳酸脱氢酶大致相同，在急性心肌梗死时此酶两周内可持续高值。

六、血脂检验

项目	正常参考值	单位	临床意义
总胆固醇	< 5.17 （酶法）	mmol /L	可作为高脂蛋白血症和异常脂蛋白血症的诊断及分类，以及心脑血管病的危险因素的判断。当总胆固醇在 5.17～6.47 时，为动脉粥样硬化危险边缘；当总胆固醇 >7.76 时，为动脉粥样硬化高度危险水平。
甘油三酯	< 2.30 （酶法）	mmol /L	↑可以由遗传、饮食或继发于某些疾病如糖尿病、肾病等。2.3～4.5 为增高的边缘，>4.5 为高甘油三酯血症，5.65 以上为严重高甘油三酯血症。
高密度脂蛋白	男 >1.03 女 >1.16	mmol /L 酶法	↓ 常见于脑血管病、冠心病、高甘油三酯血症、术后等。
低密度脂蛋白	< 3.36 （酶法）	mmol /L	同总胆固醇，其值在 3.36～4.14 时为危险边缘，> 4.14 时为危险水平。

七、呼吸功能检验

项　目	正常参考值	单位	临床意义
血液 pH 值	7.35～7.45		当 pH <7.35 时为机体酸中毒，当 pH>7.45 时为机体碱中毒草。
二氧化碳总量	成人：22～32 儿童：20～28	mmol/L	↑ 见于呼吸性酸中毒（肺气肿、肺纤维化、呼吸肌麻痹、气胸）；也见于代谢性碱中毒（呕吐、肾上腺皮质亢进、缺钾或使用碱性药物过多）。 ↓ 见于代谢性酸中毒（尿毒症、休克、糖尿病酮症、严重腹泻及脱水），呼吸性碱中毒（呼吸中枢兴奋及呼吸加快等）。
二氧化碳分压	男：4.7～6.4 女：4.3～6.0	kPa	↑ 见于肺通气不足、代谢性碱中毒或呼吸性酸中毒、如肺源性心脏病等。 ↓ 见于肺通气过度，代谢性酸中毒或呼吸性碱中毒，如哮喘等。
氧分压	10.6～13.3	kPa	↓ 见于各种肺部疾病。<7.98 时缺氧，<6.65 时呼吸衰竭，<3.9 时危及生命。
血氧饱和度	0.9～1.00		反映血红蛋白与氧的结合能力，<90% 时，呼吸衰竭；<80% 时，严重缺氧。